The
Mysterious
Western Regions

Understanding
the Ancient Western Regions
through
Geographical Archaeology

神秘的西域

黄文弼

—— 著

图书在版编目（CIP）数据

神秘的西域 / 黄文弼著. -- 北京：新世界出版社，2025.7. -- ISBN 978-7-5104-8144-4

Ⅰ．K928.62

中国国家版本馆CIP数据核字第2025PB1062号

神秘的西域

作　　者：黄文弼
责任编辑：陈　光
责任校对：宣　慧　张杰楠
责任印制：王宝根
出　　版：新世界出版社
网　　址：http://www.nwp.com.cn
社　　址：北京西城区百万庄大街24号（100037）
发 行 部：(010)6899 5968（电话）　(010)6899 0635（电话）
总 编 室：(010)6899 5424（电话）　(010)6832 6679（传真）
版 权 部：+8610 6899 6306（电话）　nwpcd@sina.com（电邮）
印　　刷：三河市嘉科万达彩色印刷有限公司
经　　销：新华书店
开　　本：880mm×1230mm　1/32　尺寸：145mm×210mm
字　　数：197千字　　　　　　　印张：10
版　　次：2025年7月第1版　2025年7月第1次印刷
书　　号：ISBN 978-7-5104-8144-4
定　　价：79.00元

版权所有，侵权必究
凡购本社图书，如有缺页、倒页、脱页等印装错误，可随时退换。
客服电话：(010)6899 8638

帕米尔高原

昆仑山脉

天山山脉

塔里木河

额尔齐斯河

塔克拉玛干沙漠

博斯腾湖

穿越吐鲁番

鄯善库木塔格沙漠

新疆伊吾胡杨千年不朽

罗布泊无人区

罗布淖尔

吉尔吉斯斯坦松科尔湖岸边的中世纪突厥石人

中国国家博物馆的唐代突厥石人

张骞出使西域壁画（位于敦煌莫高窟323窟）

张骞出使西域路线图（来自敦煌博物馆）

莎车古城遗迹

龟兹古城遗址

高昌古城遗址

楼兰古城遗址

焉耆县七个星佛寺遗址

玉门关古迹

阳关古迹

编者的话

黄文弼先生是 20 世纪著名的考古学家和历史地理学家,他一生四次考察新疆,在吐鲁番盆地、塔克拉玛干沙漠、罗布泊地区以及多处古城遗址进行了深入的科学调查和发掘,并先后出版了《高昌砖集》《高昌陶集》《吐鲁番考古记》《罗布淖尔考古记》《塔里木盆地考古记》等影响深远的学术专著。

本书集结了黄文弼先生有关西域考古和历史地理研究的 30 篇文章,展现了他对新疆地区详细而细致的考察和研究,对中国考古学和历史地理学的卓越贡献。书中文章大多写成于民国时期,语言风格与现在有较大差异,但并不影响读者理解,为尊重作者,本书保留了其原有的语言风格。

对于书中涉及的诸多地名,为便于当代读者阅读,并尽可能遵从《现代汉语词典》《辞海》等工具书的规范以及目前的惯用名称，编者进行了相应的调整，以使阅读更流畅、更高效。例如，将"波斯国"改为"伊朗"，将"孚远"改为"吉木萨尔县"，将"阿克斯比尔"改为"阿克斯色伯勒"，将"克子尔河"改为"克孜河"，等等。另外，原文章引用了大量的古代典籍，编者参照原籍进行了一一核对，文中与原籍有出入之处均加以修订。

总之，本版对原作主旨及文风未做改动。本着便利读者及改必有据的原则，在保留原书精华、本真的基础上，编者字斟句酌，对全书进行了全方位的、仔细的修缮和提升。特此说明。

编者

二〇二五年三月

目录

第一章 新疆地形古今谈

第一节 山系 003

第二节 水系 008

第二章 谈古代塔里木河及其变迁

第一节 塔里木河的现状 020

第二节 古代塔里木盆地中之河流 024

第三节 河道变化 036

第三章 罗布淖尔水道之变迁及历史上的河源问题

第一节 罗布淖尔名称及位置 043

第二节 水道变迁探查之经过 048

第三节 水道变迁时代之推拟 051

第四节 罗布沙漠之移徙 063

第五节 历史上的河源问题 069

第四章 汉西域诸国之分布及种族问题

第一节 西域诸国之分布 085

第二节 西域各国之种族 101

第三节 张骞使西域路线考 119

第四节 两汉通西域路线之变迁 123

第五节 汉通西域后对西域之影响 131

第五章 大月氏故地及西徙

第一节 大月氏故地 159

第二节 大月氏西迁 161

第六章 略述龟兹都城问题

第一节 历史上的龟兹 167

第二节 龟兹遗址 170

第三节 龟兹故都 174

第七章 焉耆博斯腾湖周围三个古国考

第一节 焉耆国都问题 181

第二节 尉犁、危须国都问题 186

第八章 高昌史事略

第一节 车师王有国时期 198
第二节 高昌王麴氏有国时期 202
第三节 唐代西州时期 204
第四节 回鹘统治时期 205
第五节 吐鲁番时期 207
第六节 高昌疆域郡城考 208

第九章 古楼兰国历史及其在西域交通上之地位

第一节 楼兰史略 227
第二节 楼兰及鄯善在西域交通上之地位 257

第一章 新疆地形古今谈

第一章　新疆地形古今谈

第一节　山系

1. 帕米尔高原

在中国极西部有一大子午山脉,向西毗连一广阔高原,通称为帕米尔高原。北接天山,南连兴都库什山,为塔里木河及阿姆河两大水系之分水岭。最高处海拔 7700 余米。中国古时称之为葱岭。《汉书·西域传》序"西则限以葱岭",即谓此也。据《水经注》引《西河旧事》云:"葱岭在敦煌西八千里,其山高大,上生葱,故曰葱岭也。郭义恭《广志》亦曰:'休循国居葱岭,其山多大葱。'"欧洲地理书,称之为伊摩斯,据称古时有内外两伊摩人居于葱岭东西,以此为界岭云云。

2. 昆仑山脉

由帕米尔向东,为喀喇昆仑山,绵延于塔里木盆地之南,印度河发源于其西，西南流；叶尔羌河及其支流，发源于其北，东流，为塔里木河之主干。《水经注》称昆仑山为阿耨达大山，印度河为新头河，按《释氏西域记》云："阿耨达大山，其上有大渊水，宫殿楼观甚大焉。阿耨达山即昆仑山也。其山出六大水，山西有大水名新头河，西南流，屈而东南流，经中天竺国，至南天竺国而入南海。"按新头，印度一音之转也。又《水经注·河水篇》云："昆仑虚，在西北……去嵩高五万里，地之中也。其高万一千里，河水出其东北陬。"按古时以塔里木河为黄河上源，叶尔羌河为塔里木河主流，故亦称为黄河也。在海拔约 5550 米之山道中，为由新疆至拉达克及印度河上源之通途。晋释法显尝经此道，以入印度。如云："罽宾之境，有盘石隥道，狭尺余，行者骑步相持，绳桥相引，二十许里，方到悬度，险阻危害，不可胜言。"即此道也。唐玄奘由印度回程，亦经行于此，亦为现在由新疆至印度唯一之交通路线。再向东，昆仑山脉愈高，实际阻绝任何交通。和田河上源之喀喇喀什河、玉珑喀什河，即发源于其山脉之最北部，高度几达海拔 6100 米。《水经注》云"河水又东与于阗河合，南源导于阗南山，俗谓之仇摩置"，盖即此也。当西汉之初，以于阗河为黄河源。《史记·大宛列传》曰："汉使穷河源，河源出于阗。天子案古图书，名河所出曰昆仑云。"山脉至和田，分为二支。南支主脉向东南绵延，接冈底斯山，为喜玛拉雅山北支，东南行，围绕柴达木盆地。转东北，为巴颜喀喇山，为黄河及长江上源之分水岭。一支向东行，耸立于塔里木盆地南部，为昆仑山外坂，东趋，转东北，为阿尔金山脉。车尔成河发源于其北，东北流入罗布泊。《水经注》引《释氏西域记》曰"阿耨达山，西北有大水北流，注牢兰海者"，此也。转东趋，山势下降，没入若羌沙漠田。由若羌至拉萨约2260里，为隋、唐时西藏人进出新疆之通途，亦为现在由青海通新疆之孔道也。

3. 天山山脉

与昆仑山平行，中隔一大沙漠者，为天山山脉。耸立于大沙漠之北边，东西行。山脉起自帕米尔高原北纬36.5°之乌斯伯尔，北行至喀什，西为喀苏拉特，为费尔干盆地与塔里木盆地之分水岭。喀什噶尔河发源于其东，东流入塔里木河，为汉时北道之所经行也。山脉又北转东行，绕依斯色库尔之东，有多数冰河，起而为汗腾格里山，为天山山脉之主峰，高6995米。《唐书》称为凌山，《三藏法师传》云："凌山，即葱岭北隅也。其山险峭，峻极于天。自开辟以来，冰雪所聚，积而为凌，春夏不解，凝沍汗漫，与云连属，仰之皑然，莫睹其际。"即此山也。阿克苏河发源于其西，焉耆河及伊犁河发源于其北，木扎提河即库车河发源于其南。河谷中为库车至伊犁通途。张骞使乌孙，玄奘由龟兹至西突厥可汗庭，均经行此路。自汗腾格里山向东，有平行山脉多条，围绕于伊犁之东或北，东行集合于东经85°。东行为博格达山，海拔5445米。东北走，没入于哈密东之戈壁中。天山为塔里木盆地及准噶尔盆地之界山，因天山之阻隔，故山南山北，气候物产相差颇大。山北气候湿润，多雨雪，水草丰盈。山南气候干燥，终年少雨，沙漠居其大半。山北自古为游牧民族所居之地，往往侵入山南城郭诸国，而山南诸国每为其役属。

4. 库鲁克山脉

在天山东部之南，与天山平行之山脉，起吐鲁番之西，向东走，为克孜尔山。其南更有库鲁克塔格岭，蜿蜒于吐鲁番与罗布泊之间，形如张弓，北与天山对峙，成吐鲁番小盆地。南与阿尔金山对峙，成罗布泊洼地。又向东绵延于疏勒河床之北，与阿尔金山蜿蜒于疏勒河床之南，东西骈行，形成东西走廊，为汉通西域要道。自汉以来通往西域，皆取道于此，所谓阳关大道也。

5. 阿尔泰山脉

发源于俄境，向西东南三面漫延。其西南行者，包围于准噶尔盆地之东北两面；其东南行者，经科布多向南发展，而没于贺兰山之北；其东支，为唐努乌拉山，经唐努乌梁海入外蒙，为杭爱山。鄂尔浑河、色楞格河、土拉河，均发源于其岭。为古来游牧民族建庭之所。自匈奴以至蒙古，皆以鄂尔浑河畔为一大都会也。

第二节　水系

1. 塔里木河

　　《汉书·西域传》曰："南北有大山，中央有河。其河有两原，一出葱岭，一出于阗。于阗在南山下，其河北流，与葱岭河合，东注蒲昌海……一名盐泽者也。"按《汉书》所称之南北大山，当即昆仑山与天山。故中央之河，即指今塔里木河。唯谓河有两源，一出葱岭，一出于田，是指今之喀什噶尔河及和田河也。今按地形，塔里木河源，殊不止此。盖自喀什噶尔河，发源于帕米尔高原之北喀苏拉特山，东流，入疏勒境，旧图称葱岭北河，东流有叶尔羌河自西南来会，旧图称为葱岭南河，会流东行，经阿克苏之南，有阿克苏河由北来会，和田河亦自南来会，合流东逝，称为塔里木河。又东流，经库车之南，有木扎提河，即库车河，自北来会，《水经注》称为龟兹水。又东流会焉耆河，发源于天山，西南流于焉耆之西，屈而东南流，入博斯腾湖，《山海经》称为敦薨水。如云："敦薨之山……敦薨之水出焉，而西流注于泑泽，出于昆仑之东北隅，实惟河源。"是天山亦有昆仑之目矣。焉耆河复自博斯腾湖溢出为共奇河，亦称孔雀河，南流入塔里木河。又有车尔臣河，发源于阿尔金山，东北流，来入之。会流东逝，初入罗布泊之南，积为两湖，东曰库顺淖尔，西曰喀拉布朗库尔。现因河水改道，塔里木河会孔雀河后，直东行，流于库鲁克山之南，称为库鲁克河，入罗布泊之北。旧图称为孔雀河，即《汉书》所称之蒲昌海亦名盐泽是也。

附论：塔里木盆地沙漠

在塔里木河所经流之地，普通称为塔里木盆地。盆地东端称为罗布洼地。自地图上观之，此一大片沙漠地，构成了阻隔古代交通和文明发展的壁障。盆地自东至西，直径约1450公里左右，最宽处，有530公里左右。罗布洼地东西直径约260公里。《汉书·西域传》称东西六千余里，南北千余里。汉时计里小，且指西极葱岭东至敦煌数也。面积如此广阔，而为生物可以生存者，仅限于边缘沙漠田。除有较大河流之区域，绿草葱绮称为小绿洲外，皆一望无际之沙漠。此沙漠无论散布在高峻山脉之上，或流沙推动之平原，几乎任何一处，滴水俱无，草木不生，飞鸟不至。斯坦因称此为真沙漠，所以别于熟沙漠也。地理书上称之为塔克拉玛干沙漠。《新唐书》称之为图伦碛，唐贞观九年李靖、侯君集率六总管讨吐谷浑，伏允西走图伦碛，自杀，即此沙漠也。又发源于昆仑山之无数河流，除叶尔羌河、和田河外，凡离开沙漠田，及植物生长地带外，即沦入沙海之中。即和田河，仅夏季有水，亦不常至。但在有史时期，有些河流似乎北流较远，由塔克拉玛干大沙漠中尚保存许多古代遗址可以证明。但古时河流何以较长，现在河流何以缩短，其缩短原因如何？据某些地理学家探查之结论，谓因冰河时代末期，化石冰河之遗存，若干年来，逐渐削减。冰河为河水水量之源，冰河削减，故河水水量减少。而昆仑山上盖掩各冰河之岩层的堆积，又与冰河缩减有关。而山谷中之岩坡，日渐风化，沙漠又时阻水源之畅行。因此河流遂日渐短少，或改道。故以前之柔土，现已变为一片荒丘也。此在塔克拉玛干大沙漠中，可以找出不少之证据。

至于沙漠之结构，大概出柔地后，过丛林地带，即入圆锥形之红柳冢，每冢高约15米以上。再进，则入红柳林，枯桐狼藉，而堆积成岭者，高约90米。过此则为纯沙漠，一物不生矣。

因此盆地面积虽大，而可灌溉之地甚少，故在二千年前后，占领斜坡上之游牧民族，如乌孙、塞种、月氏、匈奴、突厥以及蒙古民族，常为寇抄，迫其臣属，而不放牧于岭以南也。

罗布泊，在塔里木盆地东头，与南流之孔雀河为界。西属塔里木盆地，东为罗布洼地。据斯坦因考察，自西南至东北，约260公里，最宽在45公里左右。其中低洼，均盐壳堆积之古海床，盖史前为一盐水海，故《汉书》称为盐泽也。当气候尚未干燥时，塔里木诸河流，均汇入于此，现在之塔里木河、孔雀河亦溢入于此。但大部仍为沙漠及盐壳所覆盖。尤其在河之东北隅，盐层坚结，诚如《水经注》所述龙城之语，当知今不减昔也。《水经注》云：

> 龙城故姜赖之虚，胡之大国也……地广千里，皆为盐而刚坚者也。行人所径，畜产皆布毡卧之，掘发其下，有大盐方如巨枕，以次相累，类雾起云浮，寡见星日，少禽多鬼怪。西接鄯善，东连三沙，为海之北隘矣，故蒲昌海亦有盐泽之称也。

按《水经注》所称罗布地形，词多夸饰，但由吾人实地考察结果，反足以证明《水经注》所述之真实。龙城位置，以吾人考察，似在洼地东北一隅，即古海之低地，至于西南方面，据法显《佛国记》云，"沙河中多有恶鬼，热风，遇则皆死，无一全者。上无飞鸟，下无走兽，遍望极目……莫知所拟，惟以死人枯骨为标识耳。行十七日，计可千五百里，得至鄯善国"，又《三藏法师传》云"令敦煌官司于流沙迎接"，是隋、唐以前，沙漠均集于南部，至元时则沙漠移于东北。《马可波罗行纪》云："罗布是一大城，在沙漠之边境处，东方及东北间。此沙漠甚长，骑行垂一年，尚不能自此端达彼端。狭窄之处，须时一月方能渡过，沿途尽是沙山沙谷，无食可觅。若骑行一日一夜，则见有甘水，足供五十人或百人，暨其牲畜之需。甘水为数虽不多，然全沙漠可见此类之水，至少有二十八处。"罗布村今若羌县北，据此，是元以前之沙漠，又移于东及东北方矣。是两汉时之蒲昌海，至元已变为沙漠矣。沧海桑田，不其然欤。

2. 伊犁河

北路诸水，多发源于天山北麓，北流，灌地而没。如：一、昌吉河，流经昌吉，没入沙中。二、呼图壁河，北流入苇湖。三、玛纳斯河，流灌绥来，西北入阿雅尔淖尔，现亦干涸。四、奎屯河，北流经乌苏城入库尔喀喇乌苏河，西流，入博尔塔拉淖尔（今艾比湖）。五、精河，北流入博尔塔拉淖尔，以上皆发源天山，北流入淖尔。六、博尔塔拉河，上为萨尔巴克图河，发源于伊犁境之阿拉套山，东北流。博尔塔拉河，沿岸草木葱翠，土地肥沃，现为游牧之地。河旁南山，东流入淖尔。以上诸水，皆流入境内，或没入沙，或入内海。其次水量较长，流入境外者，唯额尔齐斯河及伊犁河二者而已。伊犁河有二源，西南源为特克斯河，发源于汗腾格里山，东流经额鲁特旗，有空吉斯河来会；该河发源于喀拉沙尔西北鄂敦库尔岭西麓，西北流，凡300余公里，与特克斯河会。二水合流，是为伊犁河。西北流过雅玛图岭北，又西，喀什河从北来注之；始出天山，入伊犁境，酾为锡伯渠；又西，过惠远（今伊宁西）城南，又西过塔勒奇城南，乌里雅苏图水注之；又西，过拱宸城（今霍城西）南，霍尔果斯河北来注之；拱宸城，即《元史》之阿力麻里城，《长春真人西游记》云"九月二十七日，至阿里马城"即此城也。又西出境，西北流，察林河自南来入之；会流入巴尔喀什湖。当空吉斯河、喀什河之东流也，自天山支脉塔尔奇依楞山、阿拉套山西北迤逦于伊犁河之北，与天山对峙，形成伊犁盆地，亦称伊犁河谷。为汉乌孙故地，为蒙古、索伦、锡伯、塔兰奇、维吾尔之牧地也。

附论：依斯色库尔

当伊犁西南300余公里，巴尔喀什湖正南750余公里，有一湖，中国名特穆尔图泊，今名为依斯色库尔。东西长200余公里，南北宽处60余公里，狭处40余公里，唐名大清池，或名热海。玄奘《大唐西域记》云："山行四百余里，至大清池，周千余里，东西广，南北狭，四面负山，众流交凑，色带青黑，味兼咸苦，洪涛浩汗，惊波汩淴，龙鱼杂处，灵怪间起……"长春真人西游，皆经行于湖东南，以达霍占没辇，今纳林河也。还时，自湖西以至吹没辇。在湖北岸有翁仲无虑十数。嘉庆十七年（1812年），索伦营领队，福勒洪阿行边至此作诗曰："久戍边城客似家，而今雁爪更天涯。殷勤说与残翁仲，不是前朝旧鼓笳。"徐松疑此为古勃律君长葬地，或有陪葬，如唐昭陵制也。又云："淖尔南岸山中，有旧碑，前伊犁统帅松筠遣队德么访之，摹其可辨者数字。曰：'进鸿钧于七五，远华西以八千，南接火藏，北抵大宛。'本地人名之曰张迁碑。而拓本不可得，德么年八十余，不能举其地名，余三度访之，亦未获也。"（并见徐松：《西域水道记》）

按由伊犁通南疆至疏勒，径路原取道依斯色库尔，经纳林河，行布鲁特境，凡1100余公里而至喀什。路转平坦，水草不乏。乾隆二十二年（1757年）兆文襄（兆惠）征大小和卓木，由此进兵。至光绪中，划归俄有。而南疆至伊犁之路，乃改由冰岭，虽经光绪二十二年（1896年）之修筑，然终不如西路之平坦也。

3. 额尔齐斯河

河有两源。一为华额尔齐斯河,一为喀喇额尔齐斯河。华额尔齐斯河,发源于阿尔泰山,西南流百余里,喀喇额尔齐斯河自西北来会,为额尔齐斯河。元时置驿站于河畔,元太祖西征,整军于此。长春真人西游,出金山口,憩息于此。其《西游记》云:"中秋日,抵金山东北少驻,复南行,山高大,深谷长阪,车不可行,三太子出军,始辟其路。乃命百骑挽绳县辕以上。约行四程,连度五岭,南出山前,临河止泊。从官连幕为营。"又西北流,过布尔津,有布尔津河北来注之。过哈巴河,有哈巴河自北来注之。又西北流出境,入宰桑淖尔。淖尔椭圆形,周200余公里,准噶尔时,有二十四鄂拓克,各置宰桑领其众。凡六十二宰桑。宰桑,蒙古大臣之名也,故因以名其淖尔。

自阿尔泰山以西,塔尔巴哈台山以南,天山以北,通称准噶尔盆地,为清时准噶尔人居住之所。实则盆地中,唯阿雅尔淖尔、博尔塔拉淖尔地势较低,余则为高岭。雨水丰盈,草木畅茂,为历来游牧民族盘踞之所,与南路之干燥,多沙碛,情形迥殊,故《汉书·西域传》云"地莽平,多雨寒,山多松柏",可谓道其实也。近数十年来,汉、维吾尔、锡伯及蒙古人,率来此垦殖,昔时之牛羊牧场,现已禾麦满野矣。实则北路荒地尚多,如博尔塔拉河沿岸、额敏河沿岸,青草馥郁,绵延数百里,如开垦成地,亦不失为沃壤。额尔齐斯河，与伊犁河水大而深，均可通行汽船。伊犁河流入巴尔喀什湖。

4. 巴尔库勒淖尔

在天山之北，北路之极东头，与哈密南北对直，在众山围绕之中，中显平川，广轮400余公里。其间诸水潴为巴尔库勒淖尔，今俗名巴里坤，即汉时之蒲类海，匈奴呼衍王所治之地也。其南山有关壮缪祠，祠东三十余步，有石室，皮裴岑纪功碑。雍正七年（1729年），岳锺琪于石人子获得，移置于此。文云："惟汉永和二年八月，敦煌太守云中裴岑，将郡兵三千人，诛呼衍王等，斩馘部众，克敌全师。除西域之疢，蠲四郡之害。边竟艾安，振威到此。立海祠以表万世。"又有姜行本纪功碑。《旧唐书·姜行本传》云："其处有班超纪功碑，行本磨去其文，更刻颂陈国威德而去。"今碑之左侧，犹存隶迹。南山汉谓之白山。《班超传》"命将帅击匈奴右地，破白山，临蒲类海"，即此处也。南行62.5公里，即至哈密，接南道之冲。故哈密为通南疆之冲，巴里坤即镇西为大北道之冲，均为我国西北之咽喉也。

第二章 谈古代塔里木河及其变迁

第二章　谈古代塔里木河及其变迁

我于1928—1929年赴新疆南部围绕塔里木盆地诸绿洲考查。在1929年曾由沙雅横穿大沙漠到达于田，对于塔里木河及其支流作过了一些探查。1933年又到罗布泊考察，发现海水复故道，找到了东西交通大道与台站。但当时仅到北岸，故我写《罗布淖尔考古记》时，对于海水移徙叙述较详，而不及河流。写《塔里木盆地考古记》时，对于河流变迁亦尝提及，但未作有系统的叙述[①]。1958年，我又到南疆作过一次考察，看了一下尉犁、若羌及塔里木河下游一带。此次踏查距初次考查已有三十多年了，在这些年中间，新疆起了非常大的变化。尤其在解放后的十余年间，由于社会主义建设突飞猛进，昔日戈壁沙漠人迹罕到之区，现已建筑成群，禾苗遍野，显出一派繁荣昌盛景象。

塔里木河的变迁，从一个侧面反映了塔里木地区的历史；因此对古代塔里木河的变迁作一番研究，对理解新疆的一些历史现象是很有意义的。

[①]《塔里木盆地考古记》第五章，科学出版社1958年版。

第一节 塔里木河的现状

塔里木河是新疆塔里木盆地唯一的一条大河，全长1400余公里，上源由和田河、叶尔羌河、喀什噶尔河、阿克苏河四河交汇而成，因流经沙雅塔里木牧地，故名塔里木河。现喀什噶尔河流至巴楚即断流，无余水入塔里木河，和田河亦变为季节河，在6、7月间山洪暴发时方有余水入大河，故和田河经常是一条干河。现塔里木河河流全恃叶尔羌河水及阿克苏河水补给，而阿克苏河水在上游灌地后，余水亦不多。现塔里木河水主要是以叶尔羌河为主体，故本地人称塔里木河为叶尔羌河，盖指河水而言也。塔里木河在阿克苏南会合诸水后，东流至沙雅南，渭干河支河自北来入之。渭干河上源为木扎提河，发源于汗腾格里山，东南流，出库木土拉为渭干河，东流有铜厂河即库车河自北来入之，复东流，在轮台境又分数枝河骈比东趋；主要有两河，一为卡阳河，下游

第二章 谈古代塔里木河及其变迁

称英气克河,一为乌卡特河,或称乌根达里雅。卡阳河东流至尉犁境入罗平洛克湖、郡克尔湖、阿克要洛斯湖。解放前,由郡克尔湖水溢出,循卡阳河旧道入孔雀河。乌卡特河自轮台某地分出,东流至尉犁县境米拉木汗,距尉犁24公里处与由西来之塔里木河会合,转南流至阿拉干附近与孔雀河会,南流入罗布泊。尉犁另有一大河为孔雀河,即海都河。海都河自入博斯腾湖后,复自湖溢出为孔雀河,流于库尔勒西转南,流入尉犁境,转东南流至的力帕,卡阳河水入之。又东偏南流至铁曼坡,循一支河东南流至阿拉干附近,而与塔里木河会。又南流会车尔臣河,转东流入罗布泊。而孔雀河正身为一干河,河床东至罗布泊北岸,旧地图称为孔雀海,实无水,此清末民初的情形。故当时地图在北岸绘一小海子,在南部即在若羌北绘两个湖,即喀拉布朗库尔、喀拉库顺,其原因在此。

近四十年来[1],渭干河水除在沙雅奇满有一支河入塔里木河外,余水止于库车草湖乡灌田即止,并不能到轮台草湖,更无余水入塔里木河。故现在卡阳河水为塔里木河水。三十年前[2],塔里木河在沙雅、轮台间,有一支河直向东北伸展入渭干河故道,并

---

[1] 这篇文章由1963年10月25日的初稿整理而成,"近四十年"应以1963年为基点,即20世纪20年代至60年代。——编者注
[2] 即1933年。——编者注

凝集成若干小湖泊。我于1928年在轮台考察时，曾在轮台县南30公里乌斯托乎拉克庄观察溢水，当时水势浩瀚，河身宽里许，可以行舟，溢水正向北转，侵入村庄，牧民搭水阁而居。一居民告我云，近年塔里木河北转，入渭干河故道，这是北边一条河（卡阳河），南边还有一条河（乌卡特河），塔里木河还在南边，现已没有水了。又据另一人谈，约在四十年前，尉犁校堂、塔是吐克附近塔里木河有一缺口，分出若干支河东流入孔雀河；故当时不特塔里木河故道没水，而渭干河南支即乌卡特河亦为干河。在1921年，本地人在铁曼坡打坝，阻塞孔雀河水南流以后，卡阳河水、塔里木河水均东流，循库鲁克河旧道入罗布泊。故当时罗布泊在北边。若羌北之两湖，喀拉库顺、喀拉布朗库尔亦干竭无水。我在1930年、1933年所见之情况如此（见《罗布淖尔考古记》第一章），亦即二十年前世界地图所绘罗布泊之情况也。

1952年后生产建设兵团在轮台东南筑了一个大坝，称为塔里木大坝，堵截塔里木河水北转，迫使水入渭干河故道，又在尉犁和郡克尔一带，阻塞了卡阳河入孔雀河若干缺口，迫使卡阳河溢水南流于公路东侧，形成若干小湖泊，余水入塔里木河。而乌卡特河东流至尉犁东南米拉木汗入塔里木河故道南流，米拉木汗以西之旧塔里木河故道仍为干河。农民又在铁曼坡掘开旧堤坝，迫使孔雀河水到铁曼坡循支河东南流至阿拉干附近，与塔里木河会

第二章　谈古代塔里木河及其变迁

合，南流至七克里克与车尔臣河会东流汇集于阿不旦附近，形成一个新海。故现在铁曼坡以东库鲁克河又成干河，而在北之罗布泊也缩小了，有逐渐干竭现象。现据航空观察，孔雀河（库鲁克河）东段已无水，而罗布泊已缩小了。是现在又恢复了清末现象，形成南北两个湖。塔里木河转南流以后，由于沿途消耗，河水已弱小，南流至英柯尔、铁干里克，又凝集为若干泄水湖，较大的为巴西湖、大西海水。现①兵团引泄水湖水开辟了若干农场。塔里木河水流至阿拉干时，更为细小，宽约20米左右。及与孔雀河会合南流至七克里克，又与车尔臣河会流，水仅集于七克里克东边低地阿不旦附近。而喀拉库顺现仍干竭无水，此1958年4、5月所见之情形也。

---

① 指20世纪60年代。——编者注

第二节　古代塔里木盆地中之河流

由上所述塔里木河经行地点，就其在塔里木盆地位置言之，是偏盆地北部，且只有一条河；但我们结合文献来观察，似乎南边当另有一河已消失了。《汉书·西域传》云："自玉门、阳关出西域有两道：从鄯善傍南山北，波河西行至莎车，为南道，南道西逾葱岭则出大月氏、安息。自车师前王庭随北山，波河西行至疏勒，为北道，北道西逾葱岭则出大宛、康居、奄蔡焉。"又据《汉书·西域传》，南道当道之国为鄯善、且末、精绝、扜弥、于阗、皮山、莎车，北道当道之国为疏勒、姑墨、温宿、龟兹、尉犁、危须、焉耆、山国、车师。既云南北两道都是波河西行，则必有南北两河随道并行。现塔里木河所经之地，如上面所述，都是在北道线上；然则南道线上所波之河，到何处去了呢？稍后北魏郦道元注《水经》，详述南北两河河流，穷源竟委，昭然若揭。但据

第二章 谈古代塔里木河及其变迁

郦注所述，校以现在塔里木河经流情况，也只有北河，没有南河，是否为道元虚构，抑另有一条河已消失了？这个问题，现以《水经注》为中心，结合考察所见，述说如下。

《水经注·河水篇》云：

> 北河自岐沙东分南河……又东北流，分为二水，枝流出焉。北河自疏勒径流南河之北……暨于温宿之南，左合枝水。枝水上承北河，于疏勒之西东北流（原作东西北流），径疏勒国南，又北东（原作东北）与疏勒北山水合……径疏勒城下……枝河又东径莎车国北（原作南）……又东径温宿国南……于此枝河右入北河。北河又东径姑墨国南，姑墨川水注之……北河又东径龟兹国南，又东左合龟兹川水……大河又东右会敦薨之水……河水又东径墨山国南……又东径注宾城南，又东径楼兰城南而东注……河水又东注于泑泽，即经所谓蒲昌海也。水积鄯善之东北，龙城之西南……

按北河当即今之克孜勒河，源于帕米尔山区东侧，东流入乌恰县境丛山中，出山口东流于喀什市南艾萨克萨乡旧城之北，东北流，至伽师与喀什噶尔河合，故克孜勒河下游，称喀什噶尔河。因帕米尔古称葱岭，故又称葱岭北河。又据《水经注》有一支河

025

上承北河，流于疏勒国南，现克孜勒河自出山口后，分出一支河即喀什噶尔河，流于艾萨克萨乡旧城之南。我疑艾萨克萨乡之旧城，为古疏勒城，如然则流于疏勒南之喀什噶尔河，为《水经注》中之支河也。但此河东北流至伽师即入克孜勒河，不到温宿，可能古时流长，现缩短了。喀什另有一大河为盖孜河，亦发源于葱岭，东流于喀什市区之南，东流灌溉岳普湖后即入沙[1]。道元似未叙入；但徐松说雅马亚河（盖孜河上源）入克孜勒河，与现河流不同，或系河流有变化。注文又云"枝河（北河）又东径莎车国南"，南为北字之误。下文明云"（疏勒）南去莎车五百六十里"，是莎车不能在北河之北也。"北河又东径姑墨国南，姑墨川水注之。"按姑墨即今之阿克苏，姑墨川亦即今之阿克苏河。现克孜勒河流至巴楚附近即已断流，无余水东流，但在古时是与阿克苏河会合后东流的。我于1929年在图木舒克发现托和沙赖古城，克孜勒河旧河床经古城之南，东北流，沿途还有古渠古道遗迹[2]。

《新唐书·地理志》引贾耽《道里记》云："据史德城龟兹境也，一曰郁头州，在赤河北岸孤石山。"又云："赤河来自疏勒西葛罗岭，至城西分流，合于城东北入据史德界。"按赤河即今克孜勒

---

[1] 徐松：《西域水道记》卷一。
[2]《塔里木盆地考古记》第六章，科学出版社1958年版，第59—61页。

第二章　谈古代塔里木河及其变迁

河，克孜勒突厥语红义，凡克孜勒河所经流之地，皆作红色，沿途古城古址均用红色土坯累砌。托和沙赖古城，即在克孜勒河北岸，是托和沙赖古城即龟兹据史德城，一曰郁头州城。而城旁之河，亦即唐之赤河，今之克孜勒河。复沿红泥滩东北行，沿途时见古河道、古渠、古大道，及道旁之烽墩，直到修理呼图克以北，方不见红泥滩。而古时之建筑物皆为白土所筑，可能已进入阿克苏河区域也。因此而知古时喀什噶尔河与阿克苏河会流之地，必在修理呼图克以南一带[①]。会流后，据《水经注》所述仍流经龟兹国南，龟兹川水注之。龟兹即今库车，龟兹川即今渭干河。再往东，如敦薨水，即今焉耆河，下游即孔雀河。墨山国，疑在今库鲁克山中。注宾城疑在孔雀河北岸线上。楼兰城即今楼兰遗址。综上所述，是北河由疏勒经姑墨（阿克苏）、龟兹（库车）、轮台、焉耆，一直向东，沿天山及库鲁克山南麓而至罗布泊，与现在塔里木河经行之地，除东段外，几乎完全相当。北河的存在是不成问题的。不过现塔里木河较北河故道已北移了。我在1929年春由沙雅取道大漠赴于田考察时，在塔里木河南约50公里左右，即在阿克对雅南约10公里，发现向东而行的一大干河床。河宽约200米，两岸高约1米，河中心洼陷，沙细色白如银，与和田河同。

[①] 详见《塔里木盆地考古记》，科学出版社1958年版。

在干河旁还有古道，若隐若现，在道旁拾有红陶片、铜片、珠子及烽渣，可能在道旁还有守护的建筑，惜未觅得。这些遗物，经鉴定是8世纪前后的，可能要早些。由是知此干河有水时，东西大道亦必沿此河而行。据引导云，如沿此干河西南行可达和田河。同时我沿阿克对雅西行入子里河干河西南行，到和田河时，在子里河南约30公里左右，其东岸有一缺口，称渡口，往东约5公里左右，又见一干河床，东偏北行，河宽与阿克对雅南之大干河相等，两岸枯胡桐及沙丘，骈比东趋，则此河必即阿克对雅南所见之干河[1]。据引导云，沿此干河可以到和田河，则阿克对雅南之干河必与渡口东之干河为一河。即古塔里木河。现由渡口到托和沙赖古址，适东西成一平行线，则在古时托和沙赖南之克孜勒河，即喀什噶尔河，与阿克对雅南之干河，合渡口东之干河必联接成为一河，即古北河，而河旁之古道同时亦必为东西通行之大道，称为北道。但现河流已北移50余公里矣。由上所述，北河是一直向东流入罗布泊，但现在塔里木河的东段，东流至尉犁境内，即转南流，而孔雀河亦向东南流，海水亦有渐次移到南方趋势。如问何时塔里木河在东段与孔雀河直东流入罗布泊？何时又南流呢？是值得我们思索的一个问题。

---

[1]《塔里木盆地考古记》第五章，科学出版社1958年版，第44—45页。

第二章　谈古代塔里木河及其变迁

我于1930年发现土垠台站，及孔雀河水复故道；同时在土垠中又发现西汉黄龙元年（公元前49年）木简，并在孔雀河沿岸采拾西汉五铢钱及铜矢镞等，是在西汉时孔雀河是有水之河，而罗布泊也在北岸。东汉时情形不知。但在安帝延光中，班勇建议屯田楼兰，是当时楼兰情形未变。至1900年斯文·赫定在罗布北区发现楼兰遗址，探获文书中有咸熙、泰始、永嘉各年号[①]。按咸熙为曹魏陈留王奂年号，泰始为晋武帝、永嘉为晋怀帝年号，是此地在公元265年—公元310年约四十余年之间，均属魏、晋屯戍之地。斯坦因于1906年也在此地获得一文书，为建武十四年，即咸和五年（公元330年）。在遗址中有一文书"溉北河田一顷"之语，又有"水大波深必泛"[②]等语句。日人橘瑞超氏又在此地发现有"海头"字样文书[③]，综合所见，是北河东段即孔雀河下游，在公元4世纪中叶以前，为有水之河，而海水亦聚在楼兰附近。5世纪以后，此地遂不见于史册，而内地与西域交往，转移至鄯善与车师。宋元嘉十八年（公元441年）沮渠无讳渡流沙进据鄯善，

---

① A. Conrady, Die Chinesischen Handschriften und Sonstigen Kleinfunde Sven Hedins in Loulan, Vol. Ⅱ. Stockholm, 1920.
② A. Conrady, Die Chinesischen Handschriften und Sonstigen Kleinfunde Sven Hedins in Loulan, Vol. Ⅱ. Stockholm, 1920.
③ 王国维：《观堂集林》卷十七。

战不胜退保东城，《水经注》称为故东城，我疑即楼兰遗址东南50公里之默得克沁。东城称故，则已荒废了。而塔里木河同孔雀河必已改变了方向，向南移动，在喀拉库顺汇为一个新湖，如清末地图所绘，及目前塔里木河南流的情形也。综上所述，是现在的塔里木河即北河，在5世纪前塔里木河孔雀河直入罗布泊，5世纪以后塔里木河孔雀河转南流，所谓南河北河在东段均已消失，而湖水亦易其方位矣。

其次，我们要谈南河的问题。上文所述《水经注》北河所入的支河，与现在的塔里木河所受之水，有两条主要河流即叶尔羌河、和田河未有叙及，是郦道元漏遗了呢？还是另成了一条河？根据《水经注》所述，是另成了一条河，而称为南河，与北河骈比东流入罗布泊。其说云：

（河水）径岐沙谷，出谷分为二水，一水东流，……径蒲犁国北……河水又东径皮山国北。……河水又东与于阗河合。……南河又东径于阗国北，《释氏西域记》曰："河水东流三千里，至于阗，屈东北流者也。"……南河又东北径扜弥国北……南河又东径精绝国北……南河又东径且末国北，又东右会阿耨达大水。……会流东逝，通为注宾河，注宾河又东径鄯善国北……其水东注泽，泽在楼兰国北扜泥城……故彼俗

第二章 谈古代塔里木河及其变迁

谓是泽为牢兰海也。

按如《水经注》所述，是塔里木河盆地南边，有一条大河东西流，称为南河，从蒲犁（塔什库尔干），经皮山（库马）、于田（和田）、扜弥（克里雅）、精绝（尼雅）、且末（车尔臣）、鄯善（若羌、密远）的北边，东流会车尔臣河，东流入牢兰海，即罗布泊。但现在与车尔臣河相会的塔里木河、孔雀河，均由北来，并非由西来，是否古时有大河从西来，穿行沙漠与北河骈行而入楼兰海呢？当然现在的地图是没有这一条完整的河流，因为两千年来，经过长期的自然变化与人为影响，在广阔的沙漠中，不可能有一完整的故道，这是可以理解的。但根据现存的断断续续河床痕迹，以及当时沿河居民的遗存，结合文献，也不难推想当时曾经有河流的存在。

我于1929年在和田、叶尔羌考察时，曾就和田河的流向作了一次探查。在和田北30公里左右有一大干河，从吉牙庄和田河分出一支河，向东北流。据本地人说，此河直到旦当乌利克。在吉牙庄附近有一旧城，名阿克斯比尔，我曾著文认为这是古于阗都城所在。干河曾流于其西，附近有许多重要遗址，都在干河两岸，绵延50公里都是瓦砾场；本地人也说从前和田人都沿这条河居住，因以后没水，均迁走了。如沿此干河可到旦当，再东北可到沙雅草湖，又说到罗布泊[1]。又我于1930年横穿大漠到于田时，在托瓦克东约10公里左右，见一大干河床东北向[2]。据引导人言，此河即是从吉牙庄分出干河的中段，直通旦当，是《汉书·西域传》称"于阗已东水皆东流"，似可相信。1929年我们曾到克里雅河考察喀拉墩古址[3]，我们认为是扜弥国遗址。房址排列形势均是向东北伸展，可能是沿着古道方位修建。同时在遗址附近也有一条干河床，向东北伸展，跨克里雅河而过。再往东，还有尼雅河末流的古迹，可能是精绝国遗址。现在我们如果把旦当、哈拉墩、尼雅联结起来，划一横线，恰恰与《水经注》所说南河所经行的路线相合。如再由尼雅故址向东北方向伸展，恰到阿拉干南边。在中国旧地图上，在托和莽西绘一干河名肯时（特）车尔臣达里雅，向东北流，与由北来之克特克塔里木会；又在和尔罕东绘一干沟直东北行，名什尔戞查普坎干沟，意味着现车尔臣河已向南移了。德国赫尔曼教授主张："南河在阿拉干南与车尔臣河会合为注宾河，附近默得克遗址（现订为梯木沁）即注宾城。"[4] 但我同意前说而

---

[1]《塔里木盆地考古记》第五章，科学出版社1958年版，第40页。
[2]《塔里木盆地考古记》第五章，科学出版社1958年版，第45页。
[3]《塔里木盆地考古记》第五章，科学出版社1958年版，第50—57页。
[4] A. Herrmann, Loulan: China, Indien und Rom im Lichte der Ausgrabungen am Lobnor, Leipzig, 1931.

第二章 谈古代塔里木河及其变迁

不同意以附近遗址为注宾城。因注宾城在北河线上，注滨河必因注宾城而得名。可能当时北河即孔雀河，在注宾城有一支河南流至阿拉干附近，与南河即车尔臣河会合东流，至默得克沁即喀拉库顺旧城入海。南河因与注滨河会流，故亦名注滨河，在默得克沁旁有一干河床自西来，斯坦因说是孔雀河最后的支河，但本地人说是叶尔羌河，皆指注滨河也。在遗址附近有许多沟渠遗迹。在楼兰遗址中，所获得文书，有"溉北河田一顷"①之语。楼兰遗址在默得克沁北偏东，相距约50公里，楼兰遗址附近之河既称为北河，则其南默得克沁当称为南河。根据上述种种迹象，南河的中段与东段存在是可以推想到的。问题在西段，南河主流即初源。根据《水经注》所述河水曾经蒲犁、皮山之北，我们必须在皮山、和田北面觅出古河床或遗址，方可征信。

当然，明显的遗迹，我们未觅着，不过求之文献记录及吾人所见，亦有线索可寻。《通典·边防典》"于阗"条注云："（于阗河）名首拔河，亦名树拔河，或云即黄河也。北流（原误海，今改）七百里入计戍水……即葱岭南河，同入盐泽。"②《通典》为唐杜佑所著，关于西域记载多引杜环《经行记》，杜环随高仙芝在

---

① A. Herrmann, Loulan: China, Indien und Rom im Lichte der Ausgrabungen am Lobnor, Leipzig, 1931.
② 唐杜佑：《通典》卷一九二，《边防典》"于阗"条。

西域颇久，所记必较真实。据《通典》所述，是和田北有一大河名计戍水，即葱岭南河，和田河北流入之。又按斯坦因在旦当所得之文书中，有"傑谢镇"的名称①，另一文书有"大历三年"年号，傑当即杰之俗体字，杰谢与计戍为一音之转，可能计戍河因过杰谢镇而得名，犹塔里木河过塔里木牧场而得名同一例也。但杰谢镇究在何地，必须有确定的地点，方可证明计戍水之径流。据文书，杰谢镇是驻扎戍兵之区，它的知镇官是一个将军名杨晋卿，故我认为玛扎他哈遗址可能即是杰谢镇所在地。遗址在和田河旁，为交通中枢，附近有山临河，旧城即在山上。城有三重，为红土坯所砌，附近烽渣甚多，可能为守望之所。旁有古道，东西行，可能是南道线上由于田到莎车之沙漠道遗迹。我在遗址中掘出乾元钱一枚，及民族文字的木简。在石壁上有颇多之汉人题名，也有用民族文字写的题名。可能是戍兵所为②。

因此我疑此地即是唐朝在于阗驻兵之地，或守捉城故址。在玛扎东岸，有一大草滩，宽广里许，向东北伸展，两岸沙山绵延一线，中显低洼，现出旧河床痕迹。我疑此草滩为南河经行之迹，东流于旦当之北，西与莎车东与哈拉墩成一平行线。是否可以这

---

① M. Aurel Stein. Ancient Khotan: Detailed Report of Archaeological Explorations in Chinese Turkestan, Oxford: Clarendon, 1907:524.
②《塔里木盆地考古记》，科学出版社1958年版。

样理解,在 8 世纪中叶,南河仍由莎车东流至玛扎他哈之南,称为计戍水,东流于旦当之北,与于田河会合,至哈拉墩东北流入罗布泊。与《通典》所述适相吻合。《通典》所记西域事止于天宝,则所述和田河入计戍河当是 8 世纪中叶以前事也。但计戍水是否即是指南河,《通典》解释计戍水之语,非常明确。如云:"计戍水一名计首水即葱岭南河,同入盐泽。"按《水经注》南河、北河均发源于葱岭,北河当为喀什噶尔河,又称为葱岭北河。南河即指叶尔羌河,虽叶尔羌河发源于喀喇昆仑山北侧,与喀什噶尔河源不同一地,但叶尔羌河发源之地亦称为葱岭,故历来地理学家如徐松辈,均以叶尔羌河为葱岭南河[1]。现计戍水既即葱岭南河,则叶尔羌河流入玛扎他哈以东,和田以北者,亦当为南河,即计戍水也。因此,西段南河在 8 世纪中叶以前存在,是可以理解的。然则何时放弃,下文当谈这个问题。

---

[1] 徐松:《西域水道》卷一。

第三节　河道变化

由于上面所述古代叶尔羌河、和田河的东流，说明了南河的存在。但现此二河是入塔里木河，何时改变了流向转北流呢？当然河流的改道与人为的影响，及自然的变化，都是有关联的。我们从有关地区的历史及交通方面的变化，可以找到一些古河流演变的线索。据上面所述及沿线遗址，在1世纪至5世纪期间两河的存在不成问题，已见上述。

但自5世纪以后，鄯善为吐谷浑人所占据，政治中心和交通线亦必南移至若羌一带，北道亦北移经由高昌。整个罗布区域，即古楼兰地，几乎全为沙漠所占领。北道由高昌起到8世纪都还存在，而北河即塔里木河同时也是通畅的。南道则起了变化。由于鄯善沦亡，交通与河流的管理亦随之被放弃，势必影响到河流畅通。尼雅（精绝）、且末在后汉时统属于鄯善者，至是亦被放弃

第二章 谈古代塔里木河及其变迁

而为沙漠堙没。哈拉墩（扜弥）在后汉即已并入于阗。是南河东段和中段在5世纪至8世纪初期，已全沦入沙漠。5世纪初，晋释法显从焉耆西南行，穿沙漠到于阗，说"行路中无居民，沙行艰难，所径之苦，人理莫比"①。法显必是过北河，涉沙漠到南河线，沿和田河而到于阗。但为何不从鄯善沿南河到于阗，而绕道北行呢？必南河已干竭而南道已不通行也。6世纪初期，宋云由鄯善到于阗，是边山一道，时鄯善已为吐谷浑王子所据②。至7世纪中叶，玄奘回程由于阗东返，自尼壤东行，称："从此东入流沙，风动沙流……无径路，行人往返望人畜遗骸以为标帜。"东经睹货逻故国（今安得悦）、折摩驮那故国（今且末）、纳缚波故国即楼兰地（今罗布泊）展转到达唐境③。是当时尼雅以东已完全变为沙漠。故楼兰、且末、睹货逻均称故国，是南河东段必早已断流，而北河东段亦变易其位置矣。但南河自尼雅以西，若旦当、玛扎他哈据其出土遗物皆在8世纪前后，则南河西段水并不是完全干竭，而交通犹复继续活跃。尤其在7世纪中叶，西州收入唐代版图以后，于唐高宗显庆三年（公元658年），徙安西都护府于龟兹，统四镇及十六府七十二州之地，当时于阗、龟兹、疏勒、焉

---

① 法显：《佛国记》。
② 宋云：《求经记》。
③ 玄奘：《大唐西域记》。

耆均置戍兵，设镇守使以统御之。塔里木盆地北部及西部尤其于阗、龟兹都是繁荣昌盛之地。

自天宝十载（公元751年）高仙芝于怛逻斯一役大败于大食，唐代在葱岭以西政治势力全部失掉，而葱岭以东犹能维持一个短时期。但在天宝末年，安史叛乱，西北戍兵调入中原，在唐德宗贞元六年（公元790年），吐蕃乘唐兵撤走，进攻西域诸国，陷安西、北庭。在玛扎他哈发现藏文文书，及山上城堡系为火所焚毁①，则玛扎他哈遗址即杰谢镇，可能是吐蕃由和田河进兵攻安西时所摧毁，且当可能不久亦被放弃。因旦当自大历、建中以后，玛扎他哈自乾元以后，再无遗物出现，可证这遗址到8世纪末期即失去其生命力。9世纪初期，回鹘人西进占有北庭，9世纪中叶（公元866年，咸通七年），进取西州。新疆南部必均统属于回鹘。但与此同时回教势力亦东进，喀拉汗朝占据疏勒，沙得克不古尔汗首先信奉回教，因此与于阗佛教战争亘百年之久。《宋史》称乾德四年（公元966年），于阗破疏勒，得舞象一欲以为献，是在10世纪中叶，疏勒于阗战争尚未结束。十室九空，路无行人，必肇成此一地带之荒芜，叶尔羌河亦必受其影响，凝集为若干小湖泊或改道，再不复东流了。直至11世纪初期，据回教史家记载，

---

① 王国维译稿。

第二章　谈古代塔里木河及其变迁

称于瑟甫库德尔在公元1006年为于阗王，战争方告结束。

在此以后，叶城以西，如叶尔羌、莎车、巴楚等地，必早已统属于喀什。由于喀什人民之努力经营，而得到繁荣兴盛。尤其叶尔羌、喀什成为南疆巨镇。在拉一普所拾之无孔钱，亦必为喀什所造。由于此一带之兴盛，而叶尔羌河亦必因人民之移徙，开塞启淤，导水北流，为新兴之城镇服务，遂形成了南北一线之新河流，即今之叶尔羌河也。河流前进不已，必与东流之喀什噶尔河接触是不难理解的。我于1929年赴巴楚考察时，叶尔羌河溢水与喀什噶尔旧河道相隔仅一堤坝，当喀什噶尔河断流以后，它的河床很自然为叶尔羌河所占据，东流与和田河、阿克苏河会合而成了塔里木河，即《水经注》中之北河的主流。而南河遂不见于记载矣。此古代塔里木盆地南北两河由兴起至转变之过程如此。

第三章 罗布淖尔水道之变迁及历史上的河源问题

第三章　罗布淖尔水道之变迁及历史上的河源问题

第一节　罗布淖尔名称及位置

罗布淖尔为蒙古语。蒙古呼海为"淖尔","罗布"是地名。源于唐之"纳缚波"。《大唐西域记》云:

（由且末）东行千余里,至纳缚波故国,即楼兰地也。

据此是"纳缚波"为国名,在唐初已灭亡矣,故称"故"。英国斯坦因于公元1907年,在密远古堡中发现藏文残纸甚多；内著录不少地名,中有名大纳布城（Castle of Great Nob）、小纳布城（Castle of Little Nob）者。"纳布"与玄奘之"纳缚波"（Na-fu-pa）译音相近,显然为中古及近古时用于罗布全区之名[1]。按

---

[1] 向达译:《斯坦因西域考古记》,中华书局1936年版,第81页。

"纳缚"据法国伯希和说：为梵语（Sanscrit）中"Nava"之对音，犹言新也①。是藏文中之"纳布"与梵文中之"纳缚"不能谓无关系。但近世之"罗布"及元初马可波罗所经过之"罗不"，是否与"纳缚"同一义意，为一问题矣②。又罗布淖尔在中国古代传记中，其名略异。首见于《山海经》者，称为"泑泽"。《西山经》云：

东望泑泽，河水之所潜也。

又《北山经》云：

敦薨之水出焉，而西流注于泑泽。

按敦薨之水，即今焉耆河，下流为孔雀河，流入罗布淖尔，是罗布淖尔古名泑泽也。泑音黝，黑色之义。郭注《西山经》云：泑，"水色黑也"。据此，是泑泽以水之色言。《史记》则称为"盐泽"，《汉书》则名"蒲昌海"。《史记·大宛列传》云：

---

① 伯希和说见《远东法国学校校刊》第六册，第371页；又冯承钧译沙海昂注《马可波罗行纪》，商务印书馆1936年版，第183页转引。
② 按《河源纪略》云："罗布为回语，汇水之墟也；以山南众水之所汇，故云。"与梵语义别，未知孰是。

第三章　罗布淖尔水道之变迁及历史上的河源问题

　　于阗之西，水皆西流注西海。其东，水东流注盐泽。盐泽潜行地下，其南则河源出焉。

又云：

　　楼兰、姑师邑有城郭，临盐泽。盐泽去长安可五千里。

按《史记·大宛列传》作于汉武帝时，所称于田东流之水，即今塔里木河及车尔臣河，均东入罗布淖尔。古代相传塔里木河为黄河初源，至罗布淖尔后即潜行地下，其南出积石山为黄河云。是罗布淖尔在汉武帝时名为盐泽也。后汉班固作《汉书》时，则又颇异其名。《汉书·西域传》云：

　　于阗在南山下，其河北流与葱岭河合，东注蒲昌海。蒲昌海，一名盐泽者也。

《水经注》则又有牢兰海之名。注引《释氏西域记》曰："南河自于阗东，于北三千里，至鄯善，入牢兰海者也。"

按《史记正义》引《括地志》云："蒲昌海一名泑泽，一名盐泽，亦名辅日海，亦名牢兰海，亦名临海，在沙州西南。"是罗布淖尔在唐以前异名甚多。据《水经注》解释盐泽之义曰："地广千里，皆为盐而刚坚也。"是盐泽因其水含盐质而得名。其解释牢兰海之义曰："（楼兰）国在东垂，当白龙堆，乏水草，常主发导，负水担粮，迎送汉使，故彼俗谓是泽为牢兰海也。"据此是牢兰海以事言。我意此乃《水经注》附益之辞。牢兰当为楼兰之转音。因泽在楼兰国北，故以国名名海；并非因迎送汉使之故也。蒲昌海、辅日海、临海未知其取名之由，疑皆以地名名海也。唯汉之"楼兰"或"牢兰"，与唐之"纳缚波"，元之"罗不"诸名称，是否有因袭关系，其变化程序若何，伯希和氏尝提此问题而未加解释。但据斯坦因在楼兰遗址及密远废墟所发现之文献，楼兰在罗布淖尔北部，为魏、晋以前之地名。纳缚在罗布淖尔之南，疑为后期之地名，虽同一国之地，而地点不同，时代亦异，其名称当不能一致。伯希和释纳缚梵语为新，极可注意。新与故对，必在形势转变之后，另立一新名也。

罗布淖尔本为海水之专名，今则以之名地。凡库鲁克山以南，阿尔金山以北，古玉门、阳关以西，铁干里克以东，在三面山丘围绕之中，有一片低地，完全为盐壳所覆盖。据斯坦因氏测量，自西南至东北257.5公里，最宽处为145公里左右[1]，即吾人所称

---

[1] 见向达译：《斯坦因西域考古记》，中华书局1936年版，第10页。

第三章 罗布淖尔水道之变迁及历史上的河源问题

之罗布区域。在史前时代,本为一咸水海,当中亚气候尚未干燥时,容纳塔里木河水流;后渐干涸,仅存一小部分之咸水湖,其余均变成盐层地带或沙漠。

第二节　水道变迁探查之经过

新疆南部塔里木盆地中间有一大河名塔里木河东流。在公元1921年前与由博斯腾湖泄出东南流之孔雀河会合南流，经铁干里克，又南流会车尔臣河东流入罗布淖尔，形成两湖：东曰喀拉库顺，西曰喀拉布朗库尔；在今若羌之北，罗布庄之东。但中国旧地图，则绘罗布海子于北岸，即在库鲁克山南麓[①]。清光绪间（1876年—1877年）俄人蒲里兹瓦尔斯基（Prejevalski）发现此湖在罗布区域南部，与中国旧地图所绘海之位置，纬度整有一度之差，遂谓中国旧地图上大误。德国地学家李希荷芬（Richthofen）不然其说，谓中国旧地图曾经调查，必非臆造，或另有一支流入罗

[①] 清乾隆《内府地图》绘罗布海于北岸；《西域图志》《西域水道记》皆从之。清末地图则绘海子于南岸，分为两湖。北岸后出一小海子，称为孔雀海。至1933年申报馆所出之《中国分省新图》，根据西北科学考察团所测改正。

第三章 罗布淖尔水道之变迁及历史上的河源问题

布区域北部，而为蒲氏所未见也，遂引起地学上不少之争论。如英国斯坦因、美国亨亭登（Huntington）等均对于湖水有所推拟。

1900年，斯文·赫定博士赴罗布淖尔考察，自库鲁克山南麓阿提米西布拉克南行，测量水准，在楼兰故墟附近发见有一片洼地，推论海水将来有恢复故道之可能。1927年我到新疆考察时，在1930年春于吐鲁番工作完后，向罗布淖尔前进。4月2日，发自鲁克沁直穿库鲁克山。6日至阿提米西布拉克。南望罗布淖尔已水云相接。极目无际，知海水已返北矣。复南行，累过土阜地带，约15公里，即遇溢水，即库鲁克河之末流入海处也。时河未归道，溢水四出，形成若干小池，枯桐、柽柳仍倒置水中，尚未复苏，而芦苇已有新生之象矣。循水东行，水势渐大，累阻行程；终乃达一较宽阔之水面，当地人称为大老坝。坝东北两岸剥蚀之土丘，重叠起伏若城郭，皆作东北、西南向，必为剧烈之东北风剥蚀所成无疑也。绕过大老坝，最后到达一三角洲，三面环海；一洲伸入海之中央，即我所发现之"烽火台遗址"，定名为"土垠"（Tuken）者是也[1]。东南望，海水无涯际。盖已至海之北端

---

[1] 此处地名，我因海边地形状况，定名为"土垠"（垠，古恨反），英文为"Tu-Ken"。其后陈宗器、郝勒（Dr. Hörner）前往，称宜为"默得沙尔"，及我第二次复往，转询当地人，亦无定名。故我仍援用我所定名，特附志于此。

矣。土垣峙立于海中，鱼凫翱翔于水上，洵为海景奇观。又绕海东岸南行，得一古烽墩。五铢钱散布极广。因食粮缺乏，未及再沿海东行，为一遗憾耳。

及1934年我第二次复往探查，出库鲁克山之鲁戈斯特，直南行，抵孔雀河岸。河宽近70米，两岸柽柳丛生。水深可以行舟。复沿河东行，达我第一次所踏查之地，则水已入河故道；无前次泛溢之患。而河岸之柽柳已欣欣向荣。前之剥蚀土丘渐已溶解于水中，化为泥滩。此第二次发现海水恢复故道之经过也。我两次考察，均因于经济与粮食，未能充分工作，作沿海之测绘。当我第一次考察完后，1930年秋返平；即以发现罗布海水恢复故道之经过，及考察路线略图，报告于北平学术界。复经雷兴教授（Prof. T. Lessing）译为德文，转告于欧洲学林。1931年春，郝勒及陈宗器君根据我之报告，重往查勘；并确定我所发见遗址之经纬度。1934年，赫定博士又往测绘地形，罗布淖尔新海之地形图遂益臻精密。

第三章　罗布淖尔水道之变迁及历史上的河源问题

第三节　水道变迁时代之推拟

　　古海恢复故道已如上述。但何时在北岸，又何时南迁，诚为研究罗布淖尔之切要问题。试检查中国古籍如《山海经》《史记》《汉书》所载，甚可相信古海确在北岸。现以地文学上之证据，亦相信涸海沿岸之泥层，为古海水之沉淀物。但古海何时在北岸，其位置若何？在吾人发见水复故道以前，尚未得一真确之解答。自斯文·赫定博士发见楼兰故址，并在附近发见一大片低地，较喀拉库顺为低（喀拉库顺海拔815米，楼兰附近海拔810至777米）[1]。推论从前曾有湖泊，楼兰城在其北岸，证明中国旧地图绘海子于北岸为非误。以后美国亨亭登、英国斯坦因均在楼兰故墟

---

[1] A. Herrmann. Lou Lan: China Indien und Rom im Lichte der Ausgrabungen am Lobnor, Leipzig, 1931, Fig. 51.

有所考察，据其所发见之文书，皆在公元263年—公元267年，相当于晋武帝时。又赫定所获文书中有"水大波深必泛"之语[1]，是在楼兰兴盛时，孔雀河中尚有水，经流楼兰城附近入海也。又日人橘瑞超氏亦于1910年在所获文书中有"海头"二字。由以上古物之证明，则海水在1600年前，即公元3世纪时，积于楼兰遗址附近，可以确定。但在汉初，即公元前后，水积何处？斯文·赫定及斯坦因所得古物中，均不足以证明此点。盖楼兰遗址为纪元3世纪所遗留，无一汉物。则汉时此地是否有居民，及河水是否经行楼兰以入海？未可定也。

我在1930年除见海水复故道之外，又在海北岸发现古烽火台遗址，并掘获木简多枚，有汉宣帝黄龙元年（公元前49年）及成帝元延五年（即绥和元年，公元前8年）年号，是在罗布古址中所得最早之文书，距今已1960余年矣。而此遗址适在海北头一三角洲之海湾中。不唯可以证明此地在西汉时之繁荣，而且可以证明在西汉时海水之位置。又由其附近之大道，更可窥见当时道路绕海北岸及沿河西行之情形。自有此古物之发现，则现所见海水之复故道，可以说所复者为距今2000年前后之故道，即《汉

---

[1] A. Conrady. Die Chinesischen Handschriften und Sonstigen Kleinfunde Sven Hedin in Lou Lan, Stockholm, 1920. p. 119.

书·西域传》所称之古蒲昌海之故道也。是不唯赫定所推论海水积北岸之假定实现,且提早 400 余年,而其位置亦偏向东北矣。并足以证明《史记》《汉书》及《水经注》所记真确无误。

至海水何时南迁,其移徙之情形若何?因未赴罗布南部考察,未能得一真确解答。但钩稽中国古籍所述,提出一些意见,以供读者参考。按以古物学上之证明,检查我所发现之文书,终于汉成帝元延五年。时成帝仅元延四年,五年已改元为绥和元年(公元前 8 年)。由此可知我所发现之遗址在公元后似已被放弃。赫定所发现之遗址其文书止于永嘉四年(公元 310 年)。据斯坦因所述,文书上有作"建武十四年"者[1]。建武为东晋元帝年号,仅一年,即位后,改元大兴。照推应为成帝咸和五年(公元 330 年),乃前凉张氏仍奉元帝年号也。虽石虎亦改元建武,但张氏并不援用后赵年号。如此,则楼兰遗址之放弃,应在公元 330 年或以后也。此两地放弃之原因,是否由于水道之变迁,固不能确定。但居民必与水有密切之关系。盖水道变迁:一方面由于自然之变化,或河流改道;但间接关于人为之力最多。如有居民之地,则人民谋水利之引导开淤启塞,多有裨益于水道之流通。且植树平沙,亦可以阻风沙之壅塞,而致影响水流。反之,若有水无居民,

---

[1] 向达译:《斯坦因西域考古记》,中华书局 1936 年版,第 99 页。

或有居民无水,均足以引起地理上之变化,使水道变方向或干涸。是遗址被放弃以后,直接间接均可促使水道变迁或改道,此事理之必然也。据此,此海水之移徙,必与遗址之放弃同时,或在后,可以推知。然则移徙于何处,其情形如何?次当论及。

按罗布淖尔所受水:在北者为孔雀河,即海都河之下流;在南者为塔里木河与车尔臣河合流之水。在1921年以前,孔雀河至铁干里克南流入塔里木河会车尔臣河后,东流入罗布淖尔。故淖尔在南,而北部干涸。1921年以后,孔雀河水复故道,至铁干里克附近德门堡转东流入涸海。水既返北,故南部干涸,此最近时事也。在汉、魏时,水积罗布北岸,是当时孔雀河水亦必径向东行。然则自晋、宋以后,河流之情形若何?为吾人所研究之问题也。考《汉书》所云:罗布入海之口,仅为一河。《西域传》云:

其河有两原:一出葱岭,一出于阗。于阗在南山下,其河北流,与葱岭河合,东注蒲昌海。

据此是和田河会塔里木河东流入海。海都河与车尔臣河虽未述及,疑亦与葱岭河会流东逝也。及《水经注》卷二所述,则分南北两河入海。其叙北河云:

第三章 罗布淖尔水道之变迁及历史上的河源问题

北河，自疏勒径流南河之北……（北河）又东……径楼兰城南而东注。河水又东注于泑泽，即《经》所谓蒲昌海也。水积鄯善之东北，龙城之西南。

又述南河云：

山即葱岭也。径岐沙谷，出谷分为二水……南河又东径且末国北，又东，右会阿耨达大水……会流东逝，通为注宾河，注宾河又东径鄯善国北，治伊循城，故楼兰之地也……其水东注泽，泽在楼兰国北。（治）扜泥城，其俗谓之东故城。

又引《释氏西域记》曰：

南河自于阗东，于北三千里，至鄯善，入牢兰海者也。

综合郦道元所述，显示塔里木盆地有二大河东流入罗布淖尔：一为北河，一为南河。北河则称："径楼兰城南……东注于泑泽，即《经》所谓蒲昌海也。"南河则称："径流鄯善国北……东注泽。"叙北河所入之海，则曰"蒲昌海"，"水积鄯善之东北，龙城之西南"。叙南河所入之海，则曰"牢兰海"，"泽在楼兰国北"。其所称之蒲昌海与牢兰海，是否同为一海，或为两海因地而异名，道元均未加以诠释，但如道元所述，罗布淖尔所受水，确系二道入海：一在北，即楼兰城南；一在南，即鄯善国北。其情形甚为显然。郦道元为北魏时人，所据材料必为当时之著述。如《释氏西域记》，我亦疑为晋、宋间作品；则所论之罗布淖尔情形，必为道元当时之情形无疑。由是言之，是罗布淖尔自东晋以后至北魏之末（公元330年—公元528年），水分两道入海：南道之海在楼兰东故城之北，即在今密远①北；北道之海在龙城西南，若南北同注一海也。则北魏时之海水较汉时已南徙。北岸始于赫定所发现楼兰遗址之东南，南岸伸张于密远之北矣。其形势当亦为南北纵长也。

但由其受流海口之不同，影响于海水之伸缩与变迁至大。当其水大时，固可联为一海；及其干涸，或为风沙所阻塞，有截为两海之可能。如道元所述，是否能保持一海之原状，永久不变，固为一大问题也。故自隋、唐以后，罗布淖尔情形如何，次当论及。

过去旅行家之著述，多详于神怪而略于环境。晋释法显由敦煌至鄯善，记沙河中之情形，不言有海。唐释玄奘由西域取经，回程经纳缚波故国，太宗使敦煌官司迎于流沙，亦不言有海。岂

---

① 米兰又称磨朗、密远，在今新疆若羌县东北约80公里处。为鄯善古国伊循城遗址。——编者注

第三章　罗布淖尔水道之变迁及历史上的河源问题

讳之而不言欤，抑实未尝见欤？实使吾人苦索不得之问题也。但据《新唐书·地理志》所载，则罗布淖尔又有著矣。《地理志》附载贾耽《道里记》云：

又一路，自沙州寿昌县西十里，至阳关故城。又西，至蒲昌海南岸千里，自蒲昌海南岸，西经七屯城，汉伊修城也。又西八十里（当据《沙州图经》作"一百八十里"），至石城镇，汉楼兰国也。亦名鄯善，在蒲昌海南三百里。康艳典为镇使，以通西域者。

按七屯城据《新疆图志·道路志》密远注云："此处有古城，周三里，北距罗布淖尔一百里。疑即汉鄯善国之伊循城也。"至于石城镇，疑即今之卡尔克里克。《沙州都督府图经》断片云："屯城西去石城镇一百八十里……汉遣司马及吏士屯田伊循以镇抚之，即此城也。胡以西有鄯善大城，遂为小鄯善，今屯城也。"据此是密远即汉之伊循城。唐之屯城又称小鄯善，石城镇又称大鄯善；康艳典所据者也。由蒲昌海南岸西经七屯城，是海之南岸在今密远东北，但又称石城镇在蒲昌海南三百里。是海水又在卡尔克里克以北三百里也。据其所述，若非所指者为两海，则隋、唐时罗布淖尔之情形又大变矣。盖此时海之北岸达阿拉竿驿附近，而南

057

岸将及于喀拉库顺矣。其形势则为西北向东南扩展之斜长也。至如何造成此种形势，贾耽虽未加解释，但亦必与河流有关。若使所推拟形势不误，则当时北岸之孔雀河，至铁干里克时，必已不复东入涸海，而转东南流与塔里木河会流入新海也。车尔臣河则东北流入新海之南岸。水大则两海合而为一。《辛卯侍行记》卷六附吐鲁番歧路"营盘海子"注云："周约三十余里……西南平沙宽广。相传此处原在泽中，为浣溪河（孔雀河）淤沙所埋，疑古时此海与蒲昌海合也。"虽所述为清中叶情形，然甚可以之解释隋、唐时之罗布淖尔也。据此，是隋、唐时（公元7世纪至9世纪之末）罗布淖尔水道较汉时不唯形势变异，亦且东西逆转矣。

宋、元以来罗布形势如何，有无变迁，记载缺乏，无可稽考。但马可波罗旅行西域，经过罗布镇以至沙州，并未提及有海子事，其《行纪》第五六章云："罗布是一大城，在罗布沙漠之边境，处东方及东北方间……此沙漠甚长，骑行垂一年，尚不能自此端达彼端。狭窄之处，须时一月，方能渡过。沿途尽是沙山沙谷，无食可觅。然若骑行一日一夜，则见有甘水，足供五十人或百人暨其牲畜之饮……渡沙漠之时，至少有二十八处得此甘水。"按罗布大城，疑即今之卡尔克里克附近旧城，或在其北之罗布村。据此，是元时卡尔克里克之东及东北，完全为沙漠，并无海水；则海水必仍在北岸如隋、唐时之地位，尚未南迁。由沙漠中之甘水区可

第三章　罗布淖尔水道之变迁及历史上的河源问题

供五十人或一百人饮料之语，必指干河中之余水；而沿岸之"沙山沙谷"，表示为古河床，现已干涸，变为沙谷矣。据此，是宋、元以来之车尔臣河仍东北流，不入喀拉布朗库尔，可以推知也。

明、清之际，碛路闭。罗布淖尔情形如何，已无可稽考。清初康、乾间，因军事之进展，罗布淖尔复见记述。《河源纪略》卷九云：

> 罗布淖尔为西域巨泽，在西域近东偏北，合受西偏众山水，共六大支。绵地五千，经流四千五百里。其余沙碛限隔，潜伏不见者无算。以山势揆之，回环纡折，无不趋归淖尔。淖尔东西二百余里，南北百余里，冬夏不盈不缩。极四十度至五分，西二十八度至二十七度。北有圆池三，无名；南方有椭池四：为鄂尔沟海图、巴哈噶逊弩奇图色钦、弩奇图杭阿、塔里木池，错列环拱。登山远眺，亦如星宿海然。

按《河源纪略》为清乾隆四十七年命阿弥达往青海穷河源后所记，皆所亲历，想非臆造。据其所述，根据其经纬度，则当时罗布淖尔确在北边；相当今阿拉竿以北以东，以阿拉克库尔、达雅克库尔、喀拉库尔、阿瓦鲁库尔及赤威里克库尔为中心。经度87°30'—88°40'，纬度40°05'—40°40'（民国初年参谋部百万分之一地图），东西浸漫，北岸达营盘西南小海子。今以《河源纪略》附图参以今地，可见也。又据《河源纪略》卷二图说二附图，在罗布淖尔东南又绘一海，名噶顺淖尔。据《纪略》卷十一云："噶斯淖尔（图说二作噶顺淖尔）周广三百余里。有三源，自西境碛中山流出来注之。噶斯淖尔极三十九度六分，西二十六度五分。去罗布淖尔东南二百里。"今据其所述之经纬度，相当于今之喀拉库顺。在其西又绘有一不知名之圆池。推其位置比率，相当于今之喀拉布朗库尔。据此，是在清乾隆时罗布淖尔已南北分流：在北者水积于阿拉竿附近，疑仍为隋、唐时之旧道；在南者水积于密远之北及罗布村附近，盖为新海。其移徙之时代，虽不可确知，疑当在明、清之际也。但当时因南北河流之情形尚不清晰，故以后地图家多不注意喀拉库顺，并将南部东西两湖删除，仅将罗布淖尔绘于北部，如《大清一统图》《西域图志》《西域水道记附图》皆如此。

及清之末叶，左宗棠驻新后，改省置县。光绪初，巡抚刘锦棠、魏光焘先后派刘清和、郝永刚探敦煌古道，而清末之罗布淖尔情形始大白。清光绪十七年（1891年）陶保廉据刘清和等探查图说，述其大概云："自敦煌西门渡党河，西北行约一千二百七十里，至黑泥海子。"注云："西北二十里咸滩，有废屋基。导者云：'咸丰时此地亦为水，回民渔于此，今淤为咸地。'又西南三十里，黑泥海子，即罗布淖尔东南隅也。水畔沮洳，人马难近；水咸有芦苇。四十里芦花海子，九十里阿不旦。"据其所述，是刘清和等所

第三章　罗布淖尔水道之变迁及历史上的河源问题

经行者正当罗布淖尔之南。"黑泥海子"疑即喀拉库顺湖之义译。"芦花海子"皆为喀拉库顺西之小海子。由引导者所云"咸丰时有水，后淤为咸地"之语观之，是在咸丰以前水势较大，至同、光以后遂渐干涸耳。又陶氏转录刘清和云："罗布淖尔水涨时东西长八九十里，南北宽二三里或一二里不等。"据此是较清乾隆间噶顺淖尔周三百里其情形已有不同。陶保廉又记由托克逊至若羌道云："……九十里和儿罕渡塔里木河，四十里七克里克庄，庄南涉水。（注云：于田东之卡墙河［车尔臣河］东北流，至此会塔里木河。）四十里罗布村。四境多沮洳，即蒲昌海之西畔，古称牢兰海，今回语曰喀喇布朗库尔（言黑风海子也），蒙古语曰罗布淖尔。"据其所述，是塔里木河水南流会车尔臣河水，南积于若羌之北，分为东、西两湖。陶氏记之甚详，并不因袭于西人之发见也[①]。自陶氏之说出后，《新疆图志·道路志》均本此绘罗布淖尔于若羌之北；民国初年参谋部之地图亦如此；北部仍绘一小海子名孔雀海，我尚未查出其根据，想为臆造。此清代及民国初年关于罗布淖尔记录及绘图变迁之大略也。盖当清人作《河源纪略》时，塔里木河水与孔雀河水俱东流，入北岸之罗布淖尔，即《纪略》所称"六大支"水入淖尔者是也。而南部之噶顺淖尔则称西碛之水注之，虽不言车尔臣河，而车尔臣河亦当注入其中。故当时形成南北两海。

[①] 陶保廉：《辛卯侍行记》卷五汉玉门阳关路。同书卷六附吐鲁番歧路。

此清乾隆以前事也。及刘清和前往调查时，则水道又变矣。

时塔里木河与孔雀河水在阿拉竿会合后，不复东行；折而南流，又会车尔臣河，会流东逝，形成两湖，如1921年以前之形势。水既南行，故北部之淖尔遂日形干涸，又经风沙之侵袭，当时北部之淖尔，不得不截为一些小湖，即上文所举之喀拉库尔、阿拉克库尔，以及营盘西南之小海子，皆旧时罗布淖尔干涸后仅存之小积水池也。当地人相传"营盘西南宽广之平沙，本在泽中，为浣溪河即孔雀河淤沙所堙"，此语极可玩味。吾人检查中国旧图自阿拉竿之东北，营盘之西南，铁干里克之东，表见一大块东西横长之咸壳低地，尚保存有残余之积水池若干个（参考民国五年参谋部地图），或可拟为旧时罗布淖尔之遗迹也。近者营盘海子已完全干涸，虽阿拉竿附近亦有积水，但不南行，亦渐干涸。而所谓喀拉库顺、喀拉布朗库尔者，将来或亦有干涸之虞矣。据此，是清代之罗布淖尔其地位与形势颇类唐时。不过唐时或为一海，而清代则为两海耳。

综上所述，是罗布淖尔此次变迁，乃自隋、唐以后之大变迁，不唯海水恢复两千年前之故道，而河流亦恢复两千年之旧河床矣。沧海桑田，不其然欤？总之，吾人现时所述，半由推拟；对于罗布淖尔之研究，为长远工作，有待探查之处甚多，现在之所述，其真确如何，有待将来之考察，必可得到证明或修正。

第四节　罗布沙漠之移徙

关于罗布沙漠问题，中国古籍数有记述，近代东西人士赴罗布考察者，对于罗布沙漠记载亦详。但吾人检查古记载所述沙漠之位置与现在情形，颇不一致。故拟本古记载所述，推测其移转之情形，藉为研究海水迁移之旁证。兹缕述于下，以作参考。

吾人试检查英国斯坦因《考古报告》及其附图，在楼兰遗址之西南，铁干里克以东，罗布村以北，一大片沙漠地带。据其所述，沿途为荒寂不毛之沙山沙谷。但同时在沙漠中间散布陶片铜钱及石器之类，显然古时为人类居住之地，而且干涸河渠纵横，则当时必有河水流行其间。试检查记载，此一带为汉人屯田楼兰之区，且为孔雀河、塔里木河入海之孔道，不闻有沙碛。然则此沙碛何时移转于此，当为吾人研究之问题。

吾人试检《史记·大宛列传》："（宛贵人）相与谋曰：'汉去我

远，而盐水中数败，出其北有胡寇，出其南乏水草。'"宛贵人所称之"盐水"，当即今之罗布淖尔，汉时称为盐泽，又称为蒲昌海。由上面所述，汉时盐泽之位置，即在今楼兰遗址之东北，土垠遗址之南。即在今罗布低地北部，库鲁克山南麓。时匈奴右部，在今哈密、镇西一带。吐鲁番为古车师国，时役属于匈奴，而均在罗布淖尔之北，故云"出其北有胡寇"。又罗布淖尔之南，正为南道所经行，虽"贵人"不云有沙碛，只云"乏水草"，但吾人甚可解释：因有沙碛，所以乏水草。在塞外风沙弥漫地带，凡无水草之区，可能即为沙漠之区。况鄯善东与三陇沙相接，则其南部之沙漠，可能与三陇沙一致。

又我于1930年发掘罗布淖尔北部，在古烽火台遗址中掘拾汉简若干枚。有一简云："敦煌去渠犁一千八百里，更沙版，绝水草，不能致。"同时拾有黄龙元年（公元前49年）木简，则所述为西汉时情形可知。时汉代南北两道均须经过楼兰。楼兰以西为汉代屯田之所。则所指之"沙版"，应在楼兰东南。即在敦煌之西，过三陇沙，直至鄯善之伊循城，即今密远，皆为沙漠。由是言之，是汉、魏时之沙漠在罗布盆地东南部。1921年前之喀拉库顺湖当时疑亦在沙漠之中。故当时南道虽开，但通行者甚少，或因此也。至罗布洼地东北部如何，疑均为盐壳地带，古与今同。

《水经注》云："龙城故姜赖之虚，胡之大国也……地广千里，

第三章 罗布淖尔水道之变迁及历史上的河源问题

皆为盐而刚坚也。……西接鄯善，东连三沙，为海之北隰矣。"现根据斯坦因地图及吾人所踏查者，在涸海即今新海之东及东北，皆为盐壳地带，与《水经注》所述之龙城情形无殊。所述龙城，并非实有其城，皆指淖尔东北部被风剥蚀之土丘而言；当地人称为"雅尔当"。土丘鳞比，如城郭宫阙，蜿蜒迤逦于涸海之东北边缘。其形如龙，其状如城，故名龙城。《水经注》释龙城曰："其国城基尚存而至大，晨发西门，暮达东门。泞其崖岸，余溜风吹，稍成龙形。西面向海，因名龙城。"则所述龙城即指剥蚀之土丘，在海之东北面，无可疑也。但若干土丘邻近山边者，固多属黄泥土层。但逼近海边，以我所见者，类分三层：上层为黄泥沙土，厚约6米至9米不等，中为沙粒层，外表僵结，内含流沙；下为盐层，《水经注》所谓"有大盐方如巨枕"是也。是由于古海之沉淀物与沙泥僵结而成，或即冰河时期所遗留。至于最上层之黄土层，疑为后期之新沉淀物。由于吾人尝在土丘之平顶上捡拾带绳纹之陶片及石器，且有若干墓穴，皆在黄土层与沙粒层之间。由遗物之证明，皆为两千年前所遗留，则土丘最上之黄土层在两千年前尚表现其活力，从可知也。及进入其后时期，因风水剥蚀而黄土层遂变为"余溜风吹"之龙城矣。此两汉以前之情形也。

至于魏、晋以后，地形当无较大变化。吾人根据历史所记及近来遗物之发现，楼兰故墟在魏、晋时代，尚称繁荣。楼兰海虽渐南移，但亦无多大变迁。故其沙漠，当亦无迁移之迹，吾人根据法显所述可以知也。法显《佛国记》云："沙河中多有恶鬼，热风，遇则皆死，无一全者。上无飞鸟，下无走兽，遍望极目……莫知所拟，惟以死人枯骨为标识耳。行十七日，计可千五百里，得至鄯善国。"据此，是自玉门、阳关以西至鄯善即今密远，皆为沙碛之地，与两汉无殊。至隋、唐以后，则罗布情形有一剧烈之转变矣。今次述之。

吾人根据上文所述，罗布海水在隋、唐时当移转于罗布西部，北岸在铁干里克之西南，阿拉竿驿附近，南岸达喀拉库顺边缘，是海水已西南移矣。然则楼兰涸海情形如何，无疑已变为沙漠。吾人根据塞外经验，沙漠河流与居民尝有相互之关系：凡有居民之地，必有水草；凡无居民之地，此地必为戈壁或沙卤不毛之地。反之，地无水草，或成沙卤，人民亦必迁徙而去，此定例也。楼兰遗址在公元376年被放弃以后，迄今尚未恢复其繁荣。放弃之原因为何，吾人虽未获明文记载，但必与人为之关系及自然环境之变迁有关。

盖自沮渠氏占据西域，北魏、隋、唐继之，其至西域通途，均行南道，而以鄯善与车师为中心。且鄯善与车师之交通线，疑亦由营盘、辛地横断库鲁克山而至车师。鄯善与龟兹之交通线，则疑循塔里木河向西北行，至库尔勒，转西行至龟兹。因此，汉、

第三章　罗布淖尔水道之变迁及历史上的河源问题

魏以来以楼兰为中心之交通线久已不存在。则楼兰由北魏至隋、唐是否有居民，成一问题。反之，鄯善、尉犁间则为孔雀河、塔里木河、车尔臣河末流之所汇。则当时鄯善居民为水利之运用，迫使孔雀河、塔里木河南流溉地，因此而使两河水道改变其方向，转东南流，停积于阿拉竿附近之低地，其势极可能。水既不复东流入楼兰海，则楼兰故海及其西南部变为沙漠，此必然之结果也。

《史记正义》引裴矩《西域记》云："盐泽在西州高昌县东，东南去瓜州一千三百里，并沙碛之地，水草难行，四面危，道路不可准记。行人唯以人畜骸骨及驼马粪为标验。"据此，则隋、唐时蒲昌海东及东南即楼兰遗址附近，完全为沙碛之地，与现情形相同。至13世纪时，威尼斯商人马可波罗经行西域，由罗布至沙州，其《行纪》第五、六章记罗布沙漠情形，本章第三节已引及。马可波罗为元世祖忽必烈时代人，所记当为宋、元时事。罗布城据斯坦因推论，即今之卡尔克里克。若然，则自若羌以东及东北完全为沙漠矣；较隋、唐时沙漠又向西南漫延也。故在宋、元之际，不特汉蒲昌海沦于沙漠，即唐之蒲昌海亦有一部沦入沙漠，迫而使海水改变其形势。故至明、清之际，罗布淖尔截为南北两海，而南部复被截为两湖，迫向南徙。故海水之变迁虽一因于河流之改道，而沙漠之向西及西南移徙亦有重大原因焉。总之现在罗布西部之沙漠，决为后起之情形，两千年来已经过几许变迁矣。

现海水既复两千年故道，汉代罗布东部景物，吾人睹其地形，尚能领略于万一。但鄯善之白屋，楼兰之屯地，以及注滨河河床，尚淹埋于西部之流沙中，均有待于考古上之探寻也。

第三章　罗布淖尔水道之变迁及历史上的河源问题

第五节　历史上的河源问题

按黄河流贯中国，与中国民族及文化之发展关系极巨。但源始于何山，流经何地，因山川阻隔，交通不便，为古代学人及旅行者考索焦思之问题。虽近因地形学之进步，交通之开辟，对于前人思考之悬案，早已判明其是非。但由于探索河源之历史关涉罗布淖尔水道问题。故略述梗概，以为读者之助焉。

1. 西域初源说

按黄河初源之说，首见于《禹本纪》及《山海经》。《史记·大宛传赞》引《禹本纪》言："河出昆仑，昆仑其高二千五百余里，日月所相避隐为光明也。"按《禹本纪》，其书不传，今但见《史记·大宛传赞》所引数语而已，未能窥其全貌。《山海经·海内西经》云：

> 昆仑之虚在西北，帝之下都……河水出其东北隅以行其北，西南又入渤海，又出海外，即西而北，入禹所导积石山。

又《西山经》云：

> 积石山，其下有石门，河水冒以西流。

按《山海经》经后人假合窜益，故不尽可据。但河水出昆仑，潜入积石，为汉初普遍之传说。《淮南子·坠形训》亦言："河水出昆仑东北陬，贯渤海，入禹所导积石山。"则与《山海经》所述，大致相同。但考《史记》《汉书》所记，均言河水注泑泽，不云贯渤海。《山海经·西山经》又云泑泽为河水之所潜，与《海内西经》不无矛盾，则其所记必有一误。故述黄河初源，当以《史记》《汉书》为主也。《史记·大宛列传》云：

> 于阗之西，则水皆西流注西海。其东，水东流，注盐泽。盐泽潜行地下，其南则河源出焉。

按《大宛列传》所述，为张骞使大夏还，具言于汉武帝者，今推张骞还汉路线，盖由大夏，并南山，欲从羌中归，而为匈奴

第三章 罗布淖尔水道之变迁及历史上的河源问题

所得。大夏在今阿姆河南巴尔克一带，由此东行，必沿阿姆河上溯，过葱岭，经扜采、于阗，而至罗布淖尔，不及青海，即为匈奴所获。则骞之所言，皆为及身所亲历者，当较可据。《大宛列传》又云："汉使穷河源，河源出于阗，其山多玉石采来。天子案古图书，名河所出山，曰昆仑云。"此虽不言为张骞语，然以河源出于田南山，《史》《汉》所言皆相同。虽后人有訾议张骞"于阗之西，则水皆西流，注西海"之语。但由实地考察所得，印度河与于田河均发源喀喇昆仑山。于田河出于其北，东北流。印度河出于其西，西南流。与张骞所言暗相符合。盖张骞使大夏还，过葱岭，传闻身毒等国，必已悉闻印度河源，与于田河源之同出一山矣。故张骞使西域，虽非专为穷河源，而黄河初源之探查，则自张骞始也。及李广利伐大宛，郑吉破车师，匈奴受挫，西域服从。宣帝为之设都护，元帝更置戊己校尉，西域之土地山川，道里远近，益近翔实。班固作《汉书》，为西域立专传，其叙述河源，亦较《史记》为精密。其说云：

（西域）南北有大山，中央有河。……其河有两原：一出葱岭山，一出于阗。于阗在南山下，其河北流，与葱岭河合，东注蒲昌海。蒲昌海，一名盐泽者也。去玉门、阳关千三百余里（原无千字，依王念孙说补），广袤三四百里，其水亭居，冬夏不增减，皆以为潜行地下，南出于积石，为中国河云。

按其所述，以较《史记》，则翔实多矣。班氏承中原、西域交通大开之后，又亲至私渠海，其弟班超久留西域，记其闻见，参以档册，故能言之确凿可据也。盖新疆南部，有一大河，曰塔里木河。会合南北支水，东流入罗布泊。在北者，为喀什噶尔河，出于葱岭，东流。阿克苏河、库车河、海都河，均入焉。在南者，为叶尔羌河，出于昆仑山，东北流。和田河、且末河，均入焉。班氏虽仅举两源，一为葱岭河，一为和田河。盖举葱岭河，则北路诸水皆属之；举和田河，则南路诸水皆属之。揭其大纲，去其枝叶，疑非有意遗漏。唯河水"潜行地下，南出于积石"一语，颇启后人訾议。但说"皆以为"三字，则班氏不过略述当时一般人之推测而已，非班氏私意也。自班氏之说出，而后人之言河源者悉宗之。虽王肃、郑玄注《尚书》，均以河水出昆仑为言。而邓展注《史记》，不信河源出昆仑，而本《禹贡》"导河自积石"语，以为河源出于金城、河关，即今河州之积石山。但《说文》《风俗通》《广雅》，皆云："河出昆仑。"而高诱注《淮南子》，郭璞注《山海经》，所述皆同于《汉书》。以及应玚《灵河赋》，成公绥《大河赋》，所述亦同。是黄河初源在西域之说，已普及于一般注

第三章　罗布淖尔水道之变迁及历史上的河源问题

释家及文人矣。自魏、晋以来，中原和西域交通时断时续，而商贾贩运，僧侣往来，仍不绝于途。关于西域地形，耳闻目验，记载亦富。至北魏郦道元作《水经注》，囊括群书，征引详赡，其述西域河流，核以现势，直同目验。盖郦氏所取者精，故所用亦宏也。然推其所本，亦不出《史记》《汉书》与《山海经》所述之范围，而更加详密耳。故西域河源之说，在南北朝以前，均无异词也。

2. 青海河源说

自隋、唐以后，吐谷浑、吐蕃迭据青、藏，势力及于西域，两地交通，地理上之情形，渐趋明晰。隋大业中，平吐谷浑置郡设县，据《隋书·地理志》，隋大业二年，于赤水城置河源郡，以境有积石山，又河源郡下云"积石山，河所出"，是隋时已知河源在青海，但尚不知黄河之远源，而以河州之积石山为河所自出矣。至唐贞观九年（公元635年），诏李靖、侯君集讨吐谷浑，据《新唐书·吐谷浑传》云，君集与任城王道宗趋南路，"登汉哭山，战乌海……行空荒二千里……阅月，次星宿川，达柏海上，望积石山，览观河源"。柏海，据清人考证，谓即今之札凌、鄂凌两淖尔，丁谦并实指即今札凌湖。札，白也。凌，长也。柏，即白之转音。今云侯君集在札凌淖尔观河源，则黄河远源之发现，固始

073

于侯君集也。又据《新唐书·吐蕃传》：唐贞观十五年，以宗女文成公主妻弄赞，弄赞率兵至柏海亲迎归国，为公主筑一城，以夸后世。《唐会要》云："弄赞至柏海，亲迎于河源。"其所述方位与地形，大致与《吐谷浑传》略同。是黄河真源，出于札凌、鄂凌两淖尔东北之星宿海，唐初人已知之矣。故杜佑作《通典》取河源在吐蕃，力非西域初源之说，职是故也。但当时仅有口头之记述，而无河流经行之详记载。故当时一般学人，犹持两端之见解。如张守节《史记正义》、李吉甫《元和郡县志》，一方面承认黄河经行大积石山，而以河州之山为小积石，但仍持由蒲昌海潜行地下之说。至唐长庆二年（公元822年），穆宗遣薛元鼎使吐蕃盟会，并探河源，而黄河上源始得较详明之观念矣。《新唐书·吐蕃传》云：

> 元鼎逾湟水，至龙泉谷，西北望杀胡川，哥舒翰故壁多在。湟水出蒙谷，抵龙泉与河合，河之上流，繇洪济梁西南行二千里，水益狭，春可涉，夏秋乃胜舟。其南三百里三山，中高而四下，曰紫山，直大羊同国，古所谓昆仑者也。虏曰闷摩黎山，东距长安五千里，河源其间。……河源东北，直莫贺延碛尾，殆五百里。碛广五十里。北自沙州，西南入吐谷浑浸狭，故称碛尾。……元鼎所经见，大略如此。

第三章　罗布淖尔水道之变迁及历史上的河源问题

据《河源纪略》考证，紫山，即闷摩黎山，当为今之枯尔坤山；乃巴颜喀喇山、阿克塔齐沁山、巴尔布哈山，三山并峙之总名。按枯尔坤，即昆仑之转音。明僧宗泐《望河源诗》，以为河源出自抹必力赤巴山。其自记云："番人呼黄河曰为抹处，牦牛河为必力处，赤巴者，分界也。其山西南所出之水，则流入牦牛河，东北之水，是为河源。"按宗泐之抹必力赤巴山，当即闷摩黎山，摩黎即抹必力之对音，为河源之所自出。又称紫山者，疑为汉人所命名，指山色言也。与回人因山色黑，而呼为喀喇昆仑山，用义相同。据此，是唐薛元鼎所见之河源，已知出于巴颜喀喇山矣。此中国第二次所探之河源也。自薛元鼎之说出后，一般人之说河源者，情形大变。若欧阳忞《舆地广记》，及元马端临《文献通考》，踵随杜佑之说，皆主吐蕃之河源，而非西域之河源。历宋至元，其说未变。信如《元史·地理志》所云，世之言河源者，皆推本二家之说也。但唐、宋以来，道路未尽通达，信使所过，每迂回艰阻，不能直抵其处，而探其究竟。宋代幅员褊狭，凡河源经流之处，皆远隔西夏，非使节之所能通。故宋三百余年中，儒者所说河源，皆依据传闻及唐人旧说，无所发挥。至元有中国，开道置驿，使骑往来，交通方便。自元至元二十七年（公元1290年），令笃实往穷河源，而黄河上源，遂臻详实矣。

《宋史·河渠志》云：

大元至元二十七年……命学士蒲察笃实西穷河源……今西蕃朵甘思南鄙，曰星宿海者其源也。四山之间，有泉近百泓，汇而为海，登高望之，若星宿布列，故名。流出复潴，曰哈喇海。东出，曰赤宾河，合忽阑、也里术二河，东北流，为九渡河。其水犹清……贯山中行，出西戎之都会……合纳怜河，所谓细黄河也。水流已浊，绕昆仑之南，折而东注……复绕昆仑之北，自贵德、西宁之境，至积石，经河州……入中国。

按此中国第三次所探之河源也。《宋史·河渠志》及《元史·地理志·河源附录》，皆出于潘昂霄《河源志》。盖自笃实穷河源后，潘昂霄从其弟阔阔出得其说，撰为《河源志》，故潘氏《河源志》，乃记笃实穷河源之实录也。《宋史》修于元顺帝时，在笃实穷河源后，故其所述《河渠志》乃一循潘氏《河源志》，及朱思本《图说》而著录也。据其所述，星宿海即《河源志》之火敦脑儿，清人译作鄂登他腊。哈喇海，即《河源志》之阿剌脑儿，清人译作哈勒罕，谓即今鄂楞淖尔。赤宾河，清人指呼兰河（《河渠志》之忽兰河），额德凌特淖尔诸水，皆为元之赤宾河。《河渠志》之九渡河，《河源志》称歧裂八、九股水，名也孙斡伦，译言九渡之意。清人指八九股水，即海尔吉入河之处，言有八九股水入河，

第三章　罗布淖尔水道之变迁及历史上的河源问题

并非一股为八九支也。《河渠志》之昆仑山,《河源志》称为亦耳麻不莫剌山,其山最高,译言腾乞里塔,即昆仑山也。山腹至顶皆雪,冬夏不消,故又云大雪山。在朵甘思之东北,清人改译为伊拉玛博罗,即清人所称之阿木奈玛勒占木逊山,即唐人所述之大积石山也。虽如清人之批评,止知有星宿海之河源,而不知星宿海以上始发之河源。但其叙述河源之所经行,已较唐人所记,更为翔实矣。明代势力不及西陲,虽有一二僧侣关于河源之记载,然语不赅实,未可即据为典要。清入主中夏,抚有西疆,及平准部,西北西南,悉归版图,乃又有第四次探河源之举。据《河源纪略》卷头语所云:

（清康熙四十三年,命侍卫拉锡等,往穷河源,但至星宿海而止。及乾隆四十七年,后命阿弥达往青海穷河源。）据奏星宿海西南有一河,名阿勒坦郭勒。蒙古语阿勒坦即黄金,郭勒即河也。此河实系黄河上源。其水色黄,回旋三百余里,穿入星宿海,自此合流,至贵德堡……始名黄河。又阿勒坦郭勒之西,有巨石,高数丈,名阿勒坦噶达素齐老。蒙古语,噶达素,北星极也。齐老,石也。其崖壁黄赤色,壁上为天池,池中流泉喷涌,酾为百道,皆作金色,入阿勒坦郭勒,则真黄河之上源也。

据此所述，是较元人所探之河源，又上溯三百余里，而得其源之所出矣。清廷复令朝臣编为《河源纪略》一书，详记其事，而以御制诗文冠于篇首，历史上言青海河源者，至清人而极矣。此中国第四次探河源所得之结果也。

综观以上诸说，摄举大纲，不出二类。一以河源在新疆，塔里木河为其上源，至罗布淖尔，而潜行地下，南出积石，为黄河。此说出于《禹本纪》;《山海经》《史记》《汉书》及《水经注》等所述皆同，六朝以前人悉主之。一以为河源在青海，源于巴颜喀喇山，穿星宿海，至积石。唐、宋、元、明以来人悉主之。但如《汉书》所述，潜行地下，其潜行之迹何如，《汉书》亦未详加解释。而元人之以星宿海为河源也，对于与西域河源有无关系，亦未加以料简。是皆元、明以前人研究河源之疏略也。至清中叶，乘极盛之势，累遣专使探寻河源，乃于两者极端不同之中，觅出调和之法。以为河有两源。一为初源，在西域，出昆仑山。一为重源，在青海，出巴颜喀喇山之噶达素齐老峰。两者之如何联络，乃本《史记》《汉书》"潜行地下"一语，而求其经行之迹，其说俱详于《河源纪略·质实篇》所记。又罗布淖尔《东南方伏流沙碛图说》，叙述亦颇简明。今参酌其说，举其大要云：

（河水）自罗布淖尔伏流，以致阿勒坦郭勒重发之处，测

第三章　罗布淖尔水道之变迁及历史上的河源问题

其迳度，约一千五百里，若以伏流，随山曲折，东南激荡，当不止二千而赢。昔人疑盐泽之水，散入沙碛。盖束以诸山，导以诸沙，凝荟潜流，似散而非散也。故自噶顺淖尔、察罕得勒苏水、察罕托辉水，以至库库塞水，诸泉仰发，不一而足。其最大者，达布逊淖尔一支，西北望盐泽，八九百里（以上《图说》语），无连山之隔，东南窎入，直至拉布拉克岭，南去青海……相去仅三十余里。此亦南山中断，大河伏地，从此流入之明证。……（前人）仅知蒲昌海之伏流入中国，而不知所以伏流者，为众沙之故，又不知其伏而仍行者，亦以连山中断为沙碛，故河水得以潜入其间也。（并上《质实篇》按语）

据上所述，其解释罗布淖尔水潜行入青海之迹，颇为详明。尤其提出以沙碛伏流，证河流潜行之迹，比之前人纠缠于字纸堆中者，其方法较为进步矣。

自近五十年以来，世界交通日辟，新疆、青海并入内地，东西学者前往旅行颇不乏人。据其探测之结果，罗布泊高出海面约850米。札凌海高出海面4270米。河源之噶达素齐老峰，当然更高。故欧洲地学家，遂谓两者绝无相通之可能。但察清人叙述河流潜行之迹时，每谓"诸泉仰发"，是已知青海河源之高于罗布泊也。不过清人仍主张泉水可以仰流耳。盖清人所指黄河初源者，谓塔里木河源于昆仑山。据斯坦因1906年之探察叶尔羌河及支流发源于喀喇昆仑山，其通道之河谷，海拔在5500米以上。和田河发源于昆仑主脉之最北部，海拔几达6100米。昆仑山向东南绵延，平均高度为4570米至4880米。由是言之，是昆仑中支分出之巴颜喀喇山即为青海河源之所出者，仍较塔里木河河源之所出者为低。清人认塔里木河与青海河源有关，又须中经罗布低地，不明物理现象，故有仰发之说也。

我于1929年赴新疆南路考察，历循塔里木河诸支水，由北道之海都河、库车河、阿克苏河、喀什噶尔河，以至南道之叶尔羌河、和田河，探源竟委，咸入塔里木河，而归于罗布淖尔。尤其探叶尔羌河源之所出，深入山中，寻其原委，当地人名山为喀拉塔格。又有地名库尔伦，想为昆仑之转音。崖岸耸峙，壁成文理。或奇石接空，中通行人。或高峰围绕，内显平野，奇石怪木，非可言宣。阆风玄圃，不过状其山形景色而已。现喀什噶尔河水流中断，和田河水，与克里雅河水，中入流沙，而大河之主流，现仅恃叶尔羌河及海都河而已。阿克苏河与库车河，虽间有余水灌入大河，但非主流也。在1921年以前，塔里木河水南流，与车尔臣河水会东流入罗布泊，形成喀拉布朗库尔、喀拉库顺两湖，《河源纪略·质实篇》称，"（罗布淖尔又）南有噶斯淖尔，周广三百余里",为大河潜流伏见之第一迹。按噶斯淖尔,《图说》作噶顺淖尔,当即今喀拉库顺之异名,实指一海。现海都河会塔里木河东流入涸海,不复南流。车尔臣河水流亦不长,故旧时之喀拉库顺,现已成涸湖。是噶顺淖尔之水,由于塔里木河流之侵入。河流改道,湖水即涸。是河流影响于水道,形迹至为显然。清人不察河流之所经行,讹言和田以东,无一河流,故以噶顺淖尔水,为罗布海水之伏见,何其诬也。达布逊湖,我虽未亲往查勘,但达布逊湖所受之水,中隔峻岭,实与罗布淖尔所受之水无关。札凌、鄂凌两淖尔,更无论矣。河出西域说、重源说虽然都是错误的;但所反映出来的祖国山河相连的观念却是可贵的。

第四章 汉西域诸国之分布及种族问题

第四章　汉西域诸国之分布及种族问题

第一节　西域诸国之分布

《汉书·西域传》云："西域以孝武时始通，本三十六国，其后稍分至五十余，皆在匈奴之西，乌孙之南。"

按计数列入《西域传》之国家，连乌孙共五十三国。据《西域传》叙论，皆根据宣、元以后材料，则所立之五十三国，本分割后而言。然则汉武时之三十六国为何？说者不一。荀悦《汉纪》载西域三十六国为：婼羌、沮沫、精绝、戎卢、渠勒、皮山、乌秅、西夜、蒲犁、依耐、无雷、捐毒、桃槐、休循、疏勒、尉头、乌贪、卑陵、渠类谷、隋立师、单桓、蒲类、西沮弥、劫日国、狐胡、三山国、车师，凡二十七国，小国也。扜弥、于阗、难兜、莎车、温宿、龟兹、尉梨、危须、鄢耆九国，次大国也。按《汉纪》所列之三十六国，核与《汉书》所载多不合，如卑陵国，《汉书》作卑陆国，犹可云因字形相近而讹。又如渠类谷国，为卑陆后国所治之地，不当分为二国。又乌贪訾离国，在宣帝时都护分车师后王之地以处匈奴降王兹力支。又汉武时有姑师而无车师，至宣帝时郑吉破姑师，分以为车师前后王及山北六国；《后汉书》以前后部及东且弥、卑陆、蒲类、移支为车师六国。据此，是荀悦所述汉武时之三十六国中，乌贪、卑陆、渠类谷、蒲类四国，皆武帝后所立，车师当作姑师。故徐松《汉书西域传补注》以为孝武时之三十六国应为：婼羌、楼兰、且末、小宛、精绝、戎卢、扜弥、渠勒、于阗、皮山、乌秅、西夜、子合、蒲犁、依耐、无雷、难兜、大宛、桃槐、休循、捐毒、莎车、疏勒、尉头、姑墨、温宿、龟兹、尉犁、危须、焉耆、姑师、墨山、劫国、狐胡、渠犁、乌垒，共三十六国。是徐松考订荀悦所记孝武时之三十二国，再加楼兰、子合、姑墨、乌垒四国，适合三十六国之数。按《汉书》云"西夜国王号子合王"，是西夜、子合为一国。《后汉书》云，今各自有王，是分为二国乃后汉之事，徐松据后汉时国名增入子合，实为不合。又大宛在葱岭西，又在乌孙西，与叙传所述，皆在匈奴之西，乌孙之南者不合。故孝武三十六国，不当数大宛。故实只三十四国。又按据《史记·大宛列传》，乌孙、仑头常苦汉使，是仑头在汉初亦为强国，及武帝太初三年（公元前102年）李广利攻大宛乃屠仑台；则仑台之灭在武帝太初三年以后，故数孝武时三十六国，当加入仑头也。又荀悦《汉纪》有隋立师，当从《汉书·西域传》作郁立师，在武帝时为强国，李广利为其所败，虽一度并入车师，仍复立国，故应加入，适合三十六国之数。今述各国之分布如下。

按《汉书·西域传》叙传称述西域情形，称："南北有大山，中央有河，东西六千余里，南北千余里。东则接汉，厄以玉门、阳关，西则限以葱岭。"按《汉书》所称之南北大山，北即天山，南即昆仑山；中央之河，即今之塔里木河，葱岭即今之帕米尔高原也。据《西域传》所述，是自玉门、阳关以西，葱岭以东，天山以南，昆仑山以北，皆为汉时三十六国分布之地。今本地形，分为五组，述之如下。

（一）塔里木盆地组

按位于塔里木盆地之南部者有七国，自东向西数：

1. 楼兰

后改名鄯善，即今罗布泊一带。王治扜泥城。民随畜牧逐水草，最在东头，与汉关相接。西通且末七百二十里。

2. 且末国

即今车尔臣一带。王治且末城。今车尔臣有其遗址。西通精绝二千里。

3. 精绝国

即今克里雅之东,尼雅北沙碛中。后汉时为鄯善所并。西通扜弥四百六十里。

4. 扜弥国

《史记》作扜采,《后汉书》作拘弥,在今克里雅一带。宁弥故城在今克里雅河旁。西通于阗三百九十里。

5. 于阗国

即今和田、洛浦、墨玉三县地。王治西城,今洛浦北阿克斯色伯勒一带。西通皮山三百八十里。

6. 皮山国

即今皮山县境。王治皮山城。西北通莎车三百八十里。

7. 莎车国

即今叶尔羌、莎车、叶城一带，为南道之终点。

以上七国皆在塔里木盆地之南部，当汉通西域之南道。《汉书·西域传》云："从鄯善傍南山北，波河西行至莎车，为南道。"即此也。

次述位于塔里木盆地北部者，自西向东数：

8. 疏勒国

今喀什、伽师一带。王治疏勒城。《新唐书》作王"居迦师城"，今伽师有其遗址。南至莎车五百六十里。有列市。西当大月氏、大宛、康居道。

9. 温宿国

今温宿、乌什县境。北至乌孙赤谷六百一十里，东通姑墨二百七十里。

10. 姑墨国

今阿克苏至哈拉玉尔滚一带。王治南城，在温宿东南。东通龟兹六百七十里。

11. 龟兹国

今库车、拜城县境。王治延城，今库车城。东至都护治所乌垒城三百五十里。

12. 仑头国

今轮台县南约 25 公里地有故城遗址。汉太初三年（公元前 102 年）为李广利所灭。汉屯田于此。

13. 乌垒国

都护治所。今轮台县策特尔南沙碛中。

14. 渠犁国

今尉犁县西境沙碛中。亦为汉之屯垦区，有田官。东通尉犁六百五十里。

15. 尉犁国

今阿满沟至紫泥泉子一带。王治尉犁城，今紫泥泉子一带。

16. 危须国

今哈拉沙尔之东曲惠附近有其遗址。西至焉耆百里。

17. 焉耆国

今哈拉沙尔一带，旁博斯腾湖。王治员渠城，在今哈拉沙尔北六十户一带。南至尉犁百里。

以上十国，皆在塔里木盆地之北，当北道之冲。《汉书·西域传》云："自车师前王庭随北山，波河西行至疏勒，为北道。"即此也。以上十七国，皆在塔里木盆地绿洲地带，营田畜，有城郭之居，所谓城郭之国是也。

（二）昆仑山谷组

按昆仑山西起葱岭，东南行，位于塔里木盆地南边，为西藏与新疆之界山。散布于昆仑山谷中者，自东起为：

1. 婼羌

今青海达布逊湖一带。随畜逐水草，不田作。辟在西南，不当孔道。

2. 小宛

今且末南山中。王治扜零城。东与婼羌接。辟南不当孔道。

3. 戎卢

在今克里雅南山谷中。王治卑品城。东与小宛接,西与渠勒接。辟南不当孔道。

4. 渠勒国

今策勒县南山谷中。王治鞬都城。东与戎卢接,辟南不当孔道。

5. 西夜国

今叶城南山谷中,棋盘山一带。王治呼犍谷。西与蒲犁接。《汉书·西域传》云:"蒲犁及依耐、无雷国皆西夜类也。西夜与胡异,其种类羌氏行国,随畜逐水草往来。"

6. 蒲犁国

今叶城西南。王治蒲犁谷,南与子合接。种俗与同。西至无雷五百四十里。

7. 依耐国

今英吉沙南山谷中。南与子合接,俗与相同。西至无雷五百四十里,较蒲犁偏南。

8. 无雷国

今疏勒西南山谷中。王治卢城，今塔什库尔干。南与乌秅接。衣服类乌孙。俗与子合同。

9. 乌秅国

《皇清通考》云：在今巴达克山地。王治乌秅城。西与难兜接。山居田石间，其西有悬度，石山也。

10. 难兜国

《汉西域图考》云：今巴达克山西境，北与休循，西与大月氏接。种五谷及葡萄诸果。

以上十国，皆散布昆仑山谷中，除难兜外，皆随畜逐水草，所谓行国也。

（三）葱岭山谷组

按我国西边以帕米尔为中心，有一子午山脉，我国地理书称为葱岭。分布于葱岭山谷中诸国，据《汉书》所载有四，自近至远数：

1. 捐毒国

在疏勒之西，克孜河上源依克斯塔木一带。王治衍敦谷。东至疏勒，南属葱岭，西上葱岭则休循也。西北至大宛，北与乌孙接。衣服类乌孙。随水草，本塞种也。

2. 休循国

在今阿赖高原一带。王治鸟飞谷。民俗衣服类乌孙，因畜随水草，本故塞种也。西至大月氏千六百一十里。

3. 桃槐国

地无可考，疑今阿姆河上源小帕米尔一带。在休循之南。

以上三国皆依葱岭，随畜逐水草。休循、捐毒本故塞种。民俗衣服类乌孙。桃槐国虽不言民俗与种姓，但与休循相接，其俗可能相同。依葱岭者尚有大宛国，在葱岭之西，故不数，仅举其三。

（四）天山山谷组

天山西起葱岭，蜿蜒东行于塔里木盆地之北。东止于哈密北戈壁中。分布于天山山谷之间有十八国，自西数：

1. 尉头国

今乌什吐鲁番西境，伽师之北。王治尉头谷。西通捐毒，径道马行二日。田畜随水草，衣服类乌孙。

2. 乌孙国

今伊犁河谷特克斯川一带。王治赤谷城。南距温宿六百一十里。随畜逐水草，与匈奴同俗。

3. 乌贪訾离国

初为单桓国地，属车师。后为都护所分置。王治于娄谷，在今昌吉南山谷中。东与单桓、南与且弥、西与乌孙接。

4. 劫国

按劫国东接卑陆，当在今孚远山谷中，王治天山东丹渠谷。疑在今阿拉沟中。

5. 单桓国

《汉西域图考》云，在今乌鲁木齐一带。王治单桓城，不在山中。

6. 卑陆国

《汉西域图考》云，在今阜康市南山谷中。王治天山东乾当谷。疑在今博格达山一带。

7. 卑陆后国

王治番渠类谷，疑在今阜康西三台一带。东与郁立师接，西接劫国，南接车师，北接匈奴。

8. 郁立师国

疑在今奇台县南山谷中。王治内咄谷。东与车师后城长接，西与卑陆、北与匈奴接。

9. 蒲类国

在今哈密北巴里坤一带。王治天山西疏榆谷。后汉时有移支国，居蒲类故地。

10. 蒲类后国

后国在蒲类海（今巴里坤湖）之北。《汉书》缺王治所。

11. 西且弥国

王治天山东于大谷。按西且弥国，疑在今焉耆北山，察汗通格一带。

12. 东且弥国

王治天山东兑虚谷。

13. 狐胡国

当从《后汉书》作孤胡国。王治车师柳谷。徐松曰："（《新唐书·地理志》）曰：交河县北入谷百三十里，经柳谷，渡金沙岭。是孤胡在前部北。"当在今吐鲁番北白杨河、达坂城一带。

14. 车师前国

今吐鲁番地。王治交河城。在今吐鲁番广安城西 10 公里雅尔湖有古城遗址。

15. 车师都尉国

汉置都尉住此，故名。亦名高昌壁。后汉设戊己校尉于此。以后为高昌国都城。今哈拉和卓地有旧城遗址。

16. 车师后王国

治务涂谷，今吉木萨尔南山中。

17. 车师后城长国

疑即今吉木萨尔县北护堡子唐北庭县地。现尚有故城遗址。

18. 山国

按当从《水经注》作墨山国。在今吐鲁番南库鲁克山中。现营盘尚有古城遗址，疑为墨山国故址。

以上十八国。车师四国皆为姑师所分。东西且弥、卑陆前后国、蒲类前后国、及乌贪訾离国皆为都护所分立。在孝武以前天山山谷中仅尉头、单桓、劫、卑陆、且弥、郁立师、孤胡、姑师、墨山九国而已。皆牧畜逐水草。

（五）葱岭以西组

葱岭为子午山脉，阻隔东西。葱岭以东各国，概如上述。次当述葱岭以西之国。据《汉书·西域传》所述葱岭以西之国凡六，除大宛外，皆不属都护。自近者始，略述于下：

1. 罽宾

大国也。今阿富汗境。王治循鲜城。西北与大月氏、西南与乌弋山离接。

2. 乌弋山离国

据《后汉书》，后汉时改名排特。《汉西域图考》云，在今伊朗南境，给尔满、法尔斯等部地。自玉门、阳关出南道，历鄯善西南行，至乌弋山离，南道极矣。转北而东得安息。

3. 安息国

今伊朗北境。王治番兜城。今盘杜瓦一带。在里海南部，西与条支接，东则大月氏。

4. 大月氏国

今阿富汗巴尔赫一带。王治蓝氏城，今阿富汗北部。北与康居接。

5. 康居国

今锡尔河与阿姆河之间。王治卑阗城，疑今塔什干地。

6. 大宛国

今费尔干盆地。王治贵山城。北至康居千五百一十里,西南至大月氏六百九十里。

以上六国,除大宛外,皆在葱岭西,不属于都护,故不在三十六国之内。共五十四国,《汉书》不著录轮台,实五十三国。《汉书·西域传》所称,其后稍分至五十余国。颜师古引司马彪《续汉书》称,至于哀、平间,有五十五国。其所指为何,虽不可知;据《后汉书》称西夜、子合各自有王,是西夜国又分子合国。又据《后汉书》子合下又有德若。故总共《汉书》和《后汉书》所著录者共五十五国,与司马彪《续汉书》相合。至《后汉书》所补葱岭西之国,如条支、大秦、天竺、高附、东离、栗弋、奄蔡,皆后汉时始通中国,不在数内也。若孝武时之三十六国,乃就未分前本葱岭以东之国而言也。

第四章　汉西域诸国之分布及种族问题

第二节　西域各国之种族

若欲研究西域各国之种族，乃一极困难之问题。一因关于古时居于当地人民之记载很不完全；且民族之更迭，过于繁复。故欲对于西域种族作出确切回答，目前还不可能。近五十年以来，经东西人士探检和研究，虽于古民族之言语文字方面有所收获，从而作出一些推测，然片面性很大。盖研究西域种族对于体质特征的考察十分重要，但此项工作材料太少，尚不能作出确切的判断。有些学者就现有材料加以推断；因地下所发现之古代语言文字属于印度欧罗巴语系，遂谓西域住民为雅利安人，或即属于伊朗人系统[1]。自国外东方学者立此说后，我国人亦有主张此说的，如吕思勉《中国民族史》，主张西域人为白种说，林惠祥亦因袭之。此

---

[1] 羽田亨：《西域文明史概论》，商务印书馆1934年版，第7页。

种推论，实属武断。虽吾人不能说西域无雅利安人掺杂其间；但在汉代，西域人从其体质及分布区域，主要不是雅利安人，而为东方种族。下面略予申述。

《汉书·西域传》"大宛"条云："自宛以西至安息国，虽颇异言，然大同，自相知晓也。其人皆深目，多须髯。"深目多须髯是突厥种型的显著特征。突厥种型的出现决不是突然的，而有其历史渊源。《汉书》所记为西汉时事，可以推知，是在西汉时自大宛以西至安息，皆属突厥人种。换言之，葱岭以西为突厥种型，以东而言，则非尽突厥人种可知。又查《魏书·西域传》"于阗"条云："自高昌以西，诸国人多深目高鼻，惟此一国，貌不甚胡，颇类华夏。"《魏书》为北齐魏收所作，所记者为北魏时事，始于公元386年，讫于公元534年。则所记西域人情形除于阗外，高昌（今吐鲁番）以西，皆有突厥人种；换言之，即葱岭以东，亦有突厥人种掺杂其间。从表面看，《魏书》与《汉书》所记显有出入，若就时代立言，则《汉书》所记者为西汉时情形，《魏书》所记者为南北朝时情形。在后汉顺帝阳嘉以后，大月氏、安息、印度东来传播佛教。晋、宋以后，突厥自北来伸张其势力。在此民族文化极端动荡之中，人类种型岂有不受影响之理。下面分地域略加讨论。

第四章 汉西域诸国之分布及种族问题

（一）塔里木盆地南部

就上面诸国分布为例，是位于塔里木盆地南部者为鄯善、且末、精绝、于阗、莎车及疏勒诸国，而以于阗为中心。于阗人的特征据《魏书》所记，已有此国貌不甚胡，颇类华夏之语，说明于阗在南北朝时，已非突厥种族，而与汉族接近。但在北魏以前，种族如何，固为问题。但就言语上论之，最近地下所发见之古文字文书显非伊朗语系，而属汉藏语系。据此，是和田既留有古代通行西藏语形迹，则与古于阗人种族必有相当关系。又据格拉得所研究称和田之东，相当克里雅地，为唐代媲摩城，为西藏语 Bye-ma 之对音，其义为沙。又汉代且末，《大唐西域记》作折摩驮那，在其国语中亦含意为沙。而驮那为 tong 之讹，西藏语指城市而言。据上所述，由语言学上观察，则古于阗一带必有西藏人散布。其次，再就其民俗言之，据晋释法显《佛国记》，自山以东，俗人被服，粗类秦土，亦以毡褐为异。按法显取经路程，经行南道。由鄯善至于阗，转竭义国，即今疏勒，则所述自山以东，当就葱岭而言。《佛国记》述鄯善国俗云："俗人衣服，粗与汉地同，但以毡褐为异。"由此观之，在法显时，自疏勒至鄯善，俗人服被皆同于汉。按法显向天竺取经，发迹长安在东晋隆安三年（公元399年），所述南道诸国之风俗，可以说明东晋或晋以前情况。又《宋云行纪》云:"于阗国王头著金冠,似鸡帻,头后垂二尺生绢,广五寸以为饰。……其俗妇人袴衫束带,乘马驰走,与丈夫无异。死者以火焚烧,收骨葬之,上起浮图。居丧者剪发剺面,以为哀戚,发长四寸,即就平常。唯王死不烧,置之棺中,远葬于野,立庙祭祀,以时思之。"又记朱驹波国之风俗,语音与于阗相似,文字与婆罗门同。又记左末(且末)国云:"城旁花果似洛阳,唯土屋平头为异也。"按宋云取经在北魏神龟元年(公元518年),其经行亦取道南路,则所述诸国风俗可代表北魏以前。由上所述,在公元4世纪及5世纪初期,于阗诸国风俗虽不能决其完全与中土相同,但决非西方人风俗,而为东方人风俗,则可断言也。又按《新唐书·吐蕃传》称,吐蕃人"衣率毡韦,以赭涂面为好。妇人辫发而萦之。……屋皆平上,高至数丈。"与宋云所记于阗、且末情形大致相同。按吐蕃入据新疆,在唐高宗永隆间,约7世纪之末,而以上所述情况皆在7世纪以前。然则在此以前占据塔里木盆地者究为何族,以我之推断,疑为古大夏人,即吐火罗人也。

我在《重论古代大夏之位置与移徙》一文中略云,当秦以前,大夏人原在甘肃西南部河州一带。后为秦人所迫,西迁至青海,《汉书》中之婼羌即其遗迹。又出阿尔金山入罗布泊,建立楼兰国。后西至安得悦附近,建立吐火罗国。再至于阗,作一长时期之停留。故和田至今尚有吐火罗地名之遗存。例如塔克拉玛干大沙碛，即由吐火罗人居住而得名。经与印度人战争之结果，又西迁而散布于葱岭山谷中，后夺取巴克特里亚，建立吐火罗王国者，疑即此族。我至今仍保持旧说。如果我所推论的不误，则和田及塔里木南部，有古大夏国遗民，为极可能之事。且于阗建国之传说，为由印度及中国两方面所来部族会合而成，其事见于《大唐西域记》于阗传，及西藏文于阗传，其中所述之中国部族，疑即吐火罗人，即在大夏西迁之时也。

（二）昆仑山谷组

分布于昆仑山谷间，如上文所述为婼羌以下十国。据《汉书·西域传》已标举其种族者，有下列诸国：

1. 婼羌

按婼为部落之名，羌以示种族。《御览》引《说文》："羌，西婼羌戎牧羊人，从人从羊。"今本作"羌，西戎牧羊人，从人从羊"。盖有删削。西戎而曰婼羌，则婼羌为西戎部族之一可知。又单称婼。《汉书·赵充国传》云："婼，月氏。"《论衡》云："方今哀牢、鄯善、诺，降附归德也。"则婼为部族名，羌为种族名，可以

105

推知。又按《汉书·西域传》之婼，孟康曰：婼，音儿。师古曰：音而遮反。与《说文》"婼丑略切，不顺也，从女若声"，迥然二义，可证《汉书》中之婼，为译自夷名，不同汉语。据近今东西学者之研究西藏语称盐为 Tswa、Tsha、Chha，与颜注译音极为相近。又西藏语称铁为 Chhya，亦与婼为对音。因此国产铁，故以名其国；又因地居盐泽之地，故取名曰婼。是称婼羌者，犹言盐地之羌也。今柴达木盆地西北阿尔金山谷一带古为羌藏人所居，似可无疑。

2. 西夜、蒲犁、依耐、无雷四国

据《汉书》所指亦为羌藏种族。《汉书·西域传》"西夜国"条云："蒲犁及依耐、无雷国皆西夜类也。西夜与胡异，其种类羌氏行国，随畜逐水草往来。"按西夜即《魏书》之朱驹波；《唐书》之朱俱波；玄奘《大唐西域记》之斫句迦。近西人沙畹、斯坦因二氏考证以为即今之卡格里克（Karghalik），即叶城。按叶城在现南大道上，由《汉书·西域传》"西夜国，王号子合王，治呼犍谷"一语观之，似在叶城南山谷中棋盘山一带。西夜与子合是否各为一国虽不能定，但必与相连，而子合当在其西北，或即在阿子干沙尔一带。西夜、子合既定，则无雷、蒲犁、依耐三国亦必在西夜、子合之西，而分布于瓦克及阿子干沙尔河之间之一块高地。

现已确定者，蒲犁即今塔什库尔干，今蒲犁县。无雷在蒲犁之东北，当在今英吉沙山谷中。依耐当在无雷之东北。四国方位既定，则乌秅、难兜必在蒲犁之西南。乌秅，今之乌杂提，难兜在其西，疑今达吉斯坦一带。今据《汉书·西域传》所述难兜南与婼羌接。同时南山溪谷诸国称与婼羌相接者，尚有于阗南与婼羌接；渠勒西与婼羌接；戎卢南与婼羌接；小宛东与婼羌接。婼羌为小国，仅居达布逊湖一带，而云与难兜、于阗相接者，盖就其种族分布而言。《魏略》云，从婼羌西至葱岭数千里，有月氏余种，葱茈羌、白马羌、黄牛羌，各有酋豪，北与诸国接，皆不知其道里广狭。《十三州志》云："婼羌国带南山，西有葱岭，或房或羌，户口甚多，强则分种为酋豪，更相钞暴。"据此是自南山以西及葱岭，皆有羌族分布，因皆由婼羌本土而来，故均以婼羌目之。据此是自南山山谷至葱岭之西，皆有古代羌藏人分布之地。塔里木盆地南部城郭诸国亦必混杂此种族。

（三）塔里木盆地北部及葱岭西诸国

以上所述南部及昆仑山谷诸国，皆在塔克拉玛干大沙漠之南，与塔里木盆地北部中隔大沙漠，交通相隔，在文化方面既已差异，在民族方面亦显示区分，以近今发现之古代语言文字已可证明。

但一部分学者对于盆地南北诸国统称为西胡，或均以雅利安种目之，无所区别。实则南北盆地国家，不特历史文化迥然不同，即种族亦有歧异；换言之，即南部诸国以羌藏种族为主体，而混入印度的雅利安种；北部诸国则以突厥种为主体，而混入蒙古种也。试先就语言考之。北部诸国以疏勒、温宿、姑墨、龟兹、焉耆诸国为最大。按疏勒今称喀什，汉代名疏勒，突厥语称水为"苏"，有水为苏勒克（Suluk），喀什水草优美，故得此名。又今日之乌什吐鲁番，《汉书》称为温宿，《唐书》记为于祝，突厥语谓之为"乌什"（Utch），"温宿""于祝"为其对音也。又阿克苏，《汉书》称为"姑墨"，玄奘《大唐西域记》称为跋禄迦，即梵语 Baluka 之译音，其义为沙丘。突厥语谓沙为 Kum，与跋禄迦同义，皆为姑墨之对音。又今之喀拉沙尔，汉代称为焉耆，玄奘《大唐西域记》称为阿耆尼，语音有增损，又作乌耆，当为同名异译。耆亦读为"支"，《史记·匈奴列传》："失我焉支山，令我妇女无颜色。"沈钦韩曰：耆与支同。是焉耆、焉支、胭脂皆为一音之异译。藤田丰八云：焉耆、燕脂，俱系突厥语 es 或 ys 及 asy 之对音，有染色之义。与《古今注》以染粉为面色，称为燕支粉；习凿齿与燕王书称"授取其英鲜者作烟支，妇人粉时用为颜色"之义相符合。如焉耆或阿耆尼同于《史记·匈奴列传》中之焉支，则皆自突厥语中转译而来也。按焉耆以东地接匈奴，匈奴尝置僮仆都尉

第四章　汉西域诸国之分布及种族问题

于焉耆、危须间,则焉耆为匈奴语极有可能。故西域中焉耆国之命名与匈奴焉支山或同一取义也。库车汉代名为龟兹,《唐书》一曰丘兹,《大唐西域记》曰屈支,《元史》作苦叉,今日库车,皆自龟兹转变而来,突厥语有鸳井之义。又《魏书》云:其(龟兹国)南三百里有大河东流,号計式水,亦为突厥语 Kas 之对音。Kas,"玉"也。据上所述,是古代塔里木盆地北部即天山南麓诸国名称多可用突厥语解释,可以证明此地原为突厥人所居。再自其形貌与习俗言之,史书中记西域诸国之形貌甚不完备,唯《汉书·西域传》称,自宛以西至安息国虽颇异言,然大同,自相睦知也。其人皆深目多须髯,善贾市。此明显示自大宛以西人种皆深目高鼻;换言之,葱岭以西皆如此,而葱岭以东则《汉书》未尝言及,或非深目高鼻亦未可知。但《魏书·西域传》"于阗"条云,自高昌以西诸国人多深目高鼻,唯此一国,貌不甚胡,颇类华夏。据《魏书》所云,是塔里木盆地北部各国多深目高鼻,同于大宛以西。不过《魏书》成于北齐魏收,而所记者为北魏之事,是否可通用于两汉,为一问题。但两汉人多称西域城郭诸国为胡,如《汉书·西域传》云,西夜与胡异,其种类羌氐行国。其所谓胡,乃指西域城郭诸国。《后汉书·西域传》云,逖矣西胡,天之外区。又《说文》邑部,鄯善,西胡国也,皆在葱岭以东。汉人称胡皆以其深目多须之故,故胡概指容貌言也。据此是西域各国人容貌,

神秘的西域

自西汉至南北朝未尝异也。又自其习俗言之，《通典·边裔典》称焉耆国其俗丈夫剪发，妇人衣襦，著大袴（《通典》一九二·一）。《新唐书·西域传》同。又称，龟兹国俗断发齐项，唯君不剪发（《新唐书》二二一上·十二）。疏勒国，仅言貌言如于阗，不言有断发事。但生子夹头取褊，与龟兹同。其他葱岭以西各国大多数皆断发，如康居、安息、波斯、月氏、嚈哒、越底延等国，丈夫皆剪发（俱见《通典》一九三）。是葱岭东西诸国民俗皆剪发，与昆仑山脉诸民族之被发者不同。《大唐西域记》序言云："宝主之乡无礼义，重财贿，短制左衽，断发长髭，有城郭之居，务殖货之利。"又言："黑岭已来莫非胡俗……死则焚骸，丧期无数。剺面截耳，断发裂裳……吉乃素服，凶则皂衣。"按黑岭当指葱岭；所谓宝主之乡，当指葱岭东西诸国而言。是在唐时，葱岭内外诸国断发长髭，其俗大概相同，故汉、唐典籍概以胡人称之。然此种胡人果自何方而来乎，抑自古即为土著乎，诚一问题也。

吾人写至此，当臆及大月氏西迁之事。据《史记·大宛列传》及《汉书·西域传》皆称月氏本居敦煌、祁连间，为匈奴冒顿单于所破，西徙过大宛，西击大夏而臣之。都妫水北为王庭。其事在西汉文帝时，由《汉书·匈奴传》冒顿遗文帝书，可以证明其西徙遵何路线。据《汉书·西域传》"乌孙"条，乌孙"本塞地也，大月氏西破走塞王，塞王南越县度，大月氏居其地。后乌孙昆莫击

110

第四章　汉西域诸国之分布及种族问题

破大月氏，大月氏西徙臣大夏，而乌孙昆莫居之"。按乌孙在龟兹、温宿之北，焉耆之西北，是月氏西至乌孙，必经焉耆、龟兹。又据《汉书》本传称，乌孙民有塞种、大月氏种。按大月氏经乌孙，而乌孙即有月氏种；则经焉耆、龟兹，而焉耆、龟兹亦留有大月氏种，极为可能。《后汉书·西羌传》云："湟中月氏胡，其先大月氏之别也，旧在张掖、酒泉地。月氏王为匈奴冒顿所杀，余种分散，西逾葱岭。其羸弱者南入山阻，依诸羌居止。"由是言之，是月氏西徙时分散于诸国，并包括葱岭以西。按葱岭西诸国以康国为宗主国。《北史》谓康国本康居之后。又谓其王本月氏人，旧居祁连山北昭武城，因被匈奴所破，西逾葱岭，遂有其国，支庶各分王。是康居左右诸国皆有月氏族人可以断言。根据考古学的研究，大月氏人为隆鼻多须髯之种型，与古籍中所述胡人形貌大抵相同。故后汉时月氏亦蒙胡名。则葱岭东西所指为隆鼻多须者，很可能为大月氏余种。而焉耆、龟兹读音近于月氏，更可为月氏余种之旁证。不过月氏西徙后，习染于当地文化，如风俗语言等，与初居敦煌、祁连者有别。及至魏、晋以后，转以其文化输入葱岭以东之宗国。大月氏人可以说担了东西文化交往的枢机之任。

（四）天山山谷诸国

据前述，分布于天山山谷者共十八国。除乌孙居于葱岭与天山之间不计外，余十六国皆在天山东部。又车师四国及乌贪訾离皆为都护分割自姑师，实仅九国，而以车师为其宗主。《汉书》对于车师民族无所记载，不能考见汉时车师之情况。唯车师国在晋以后为高昌，据《通典》所记高昌国人之形貌云，其人面貌类高丽，辫发施之于背，女子头发辫而垂。又云，服饰丈夫从胡法，妇女略同华夏。按《通典》所记或本之《北史》，由所举丈夫从胡法，妇女同华夏一语观之，则高昌男女辫发是否为其本俗殊为疑问。由其"从胡法"一语，必高昌改从胡法，非其本俗。但胡法为何族之法，殊欠明了。史书中所指之胡有二解，一指北方游牧民族，如匈奴；一指西方城郭诸国，称为西胡，如上文所述。西胡为断发，与此不同，故我疑此指突厥族。按突厥风俗，据玄奘所记丈夫皆辫发。《三藏法师传》云："可汗身着绿绫袍，露发，以一丈许帛练裹额后垂。达官二百余人皆锦袍，编发，围绕左右。"但突厥风俗何时传入高昌呢？按高昌附属突厥之年，我据麴斌造寺碑考证，高昌与突厥交好和亲在高昌和平元年，即西魏废帝元年（公元552年）。是岁突厥土门大破柔然，始称可汗。高昌初依柔然，及柔然破，故改属突厥，署突厥官号，其风俗多改从突厥。

112

第四章 汉西域诸国之分布及种族问题

例如《北史·高昌传》称伯雅大母本突厥可汗女。其父死，突厥令依俗，伯雅不从，突厥逼之，不得已，乃从。可证高昌自服属突厥后，有改俗之事，则男子辫发亦必其一。观高昌延和十二年即隋大业九年（公元613年）下解辫发令可以知矣。《隋书·高昌传》云，伯雅下令国中曰："先者以国处边荒，境连猛狄，同人无咎，被发左衽。今大隋统御，宇宙平一……孤既沐浴和风，庶均大化，其庶人以上皆宜改辫削衽。"炀帝闻而善之。《隋书》又云，伯雅虽有此令取悦中华，然竟畏铁勒而不敢改也。按铁勒初附属于突厥，俗与突厥同。高昌附铁勒在隋大业初，后铁勒仍附突厥。故辫发疑非因袭于铁勒也。按高昌本地人，据《魏书·高昌传》孝明帝诏云："彼之氓庶，是汉、魏遗黎，自晋氏不纲，因难播越，成家立国，世积已久。"是高昌国人多为汉族，受邻族影响而改从胡法。又据《隋书·西域传》云，高昌国者汉车师前王庭，汉武帝遣兵西讨，师旅顿弊，其中尤困者，因住焉。汉时有高昌垒。是高昌汉人自汉武时即移居于此。但自魏、晋后东西交通大辟，佛教东来，而安息、大月氏之传教僧侣，及康居、罗马之商人亦东来贸易。高昌为往来之冲途，当然有葱岭以西之胡人。高昌国文字，据《北史》所记同于华夏，而又兼用胡书者因此也。由是言之，是高昌国人自汉、魏以来主要为来自内地的汉族，其渗杂突厥人者乃在南北朝以后事也。

其次谈天山东部山谷中诸国。以上所举高昌人乃指居住吐鲁番盆地者而言。若在天山山谷中，即西汉初年车师遗民，其种族不与高昌同。据《汉书·西域传》，车师自郑吉为都护时分裂车师为四国，又尽徙车师民于渠犁，事实上吐鲁番盆地自汉宣帝以后，已为汉人屯田之所，自汉至唐很少变化，故上文称高昌国人为汉族略渗杂胡人者此也。但在武帝以前其车师土著民族为何？我疑北魏时之敕勒，即铁勒，即古车师之遗种也。按《魏书·高车传》云，高车古赤狄之余种也，初号为狄历，北方以为敕勒，诸夏以为高车、丁零。其语与匈奴同，而时有小异。按车师，《史记·大宛列传》作姑师，姑师与高车为一声之转。据《魏书》所云，高车乃汉人所命名，而其本名则为敕勒。敕勒与车师又为对音也。《隋书·铁勒传》云："铁勒之先，匈奴之苗裔也，种类最多。自西海之东，依山据谷，往往不绝。……伊吾以西，焉耆之北，傍白山，则有契弊、薄落职、乙咥、苏婆、那曷、乌讙、纥骨、也咥、于尼讙等，胜兵可二万。"今按《隋书》敕勒分布于天山诸部落，可考其为汉时天山东部山谷诸国者；例如契弊，《新唐书》作契苾，疑即《汉书》之且弥国。且弥、契苾，一声之转也。薄落职疑即《汉书》之卑陆国。本传云，卑陆后国王治番渠类谷，番渠类即卑陆之异译，以所治地名其国。薄落职与卑陆为对音，疑为一名演变而来。乙咥即《后汉书》之移支国。《后汉书·西域传》云，又

第四章　汉西域诸国之分布及种族问题

有移支国，居蒲类故地。蒲类，今巴里坤地，为《汉书》之蒲类国。乌护疑即《汉书》之孤胡（今本作狐胡，据《御览》引改）。纥骨疑即《汉书》之劫国。于尼讙疑即《汉书》之郁立师国。音译相近，且其分布地相同，皆在天山之东部，所谓伊吾以西，焉耆之北，傍白山而居者是也。白山即《汉书》之天山。由是言之，是分布在天山山谷诸部，即隋、唐时之敕勒或为可信。敕勒，据《隋书》《唐书》均言为匈奴之苗裔。《魏书》云，其先匈奴之甥也。无论如何铁勒必与匈奴血统有关。匈奴为蒙古、突厥混合种已为一般人所承认，则天山山谷诸国密迩于匈奴右部，则其种族即使非匈奴嫡系，亦必渗杂匈奴血统。如此，则天山山谷诸国，亦可推断其为蒙古种而混入突厥种者也。又按《隋书·高昌传》云，伯雅下令国中改辫削衽。"然伯雅先臣铁勒，而铁勒恒遣重臣在高昌国，有商胡往来者，则税之送于铁勒。虽有此令取悦中华，然竟畏铁勒而不敢改也。"据此是铁勒风俗为辫发左衽。则汉时之天山山谷诸国风俗当亦为辫发左衽矣。按辫发为蒙古种人之特征。《多桑蒙古史》鞑靼人之容貌云，眼褐色，斜向鼻，而颊大颧高，鼻平唇厚，头面圆，带橄榄色。颐下少须，是其特征也。剃发作马蹄铁形，脑后发亦剃去，其余发听之生长，辫之垂于后。就风俗言之，则天山诸国人种为鞑靼种，与匈奴同式。与焉耆以西之为断发者固迥然不同矣。

（五）葱岭山谷诸国

如上文所述，分布在葱岭山谷者为休循、捐毒、桃槐三国。乌孙虽居天山溪谷，但在种族问题上互有关系，今合并讨论。关于乌孙及休循、捐毒种族在《汉书·西域传》中已有显明之记载，"乌孙"条云，乌孙"本塞地也，大月氏西破走塞王，塞王南越县度，大月氏居其地。后乌孙昆莫击破大月氏，大月氏西徙臣大夏，而乌孙昆莫居之，故乌孙民有塞种、大月氏种云"。又《汉书·西域传》"罽宾"条所载："昔匈奴破大月氏，大月氏西君大夏，而塞王南君罽宾。塞种分散，往往为数国。自疏勒以西北，休循、捐毒之属，皆故塞种也。"

据上所述，是乌孙、休循、捐毒等地皆原为塞种人所居。塞种人之种族为何诚一问题。东西学者对于塞之族属众说纷纭，有斯拉夫种、伊兰种、突厥种等。有的仅根据个别语汇相同而立论。我以为推测一民族之人种，徒持言语之有相同点，论证仍嫌不足，盖各族相互接触，即会产生语言的混杂，故言语之相似者不必种族相同。故欲推论种族问题，形貌仍居重要部分。吾人试于塞种故地国家人民之形貌，根据古籍所载作一些推测。

颜师古《汉书注》云：乌孙于西域诸戎其形最异，今之胡人青眼赤发状类弥猴者本其种也。又查玄奘《大唐西域记》，达摩悉铁

第四章 汉西域诸国之分布及种族问题

帝国在两山间，人性犷暴，形貌鄙陋，衣服毡氍，眼多碧绿，异于诸国。又"佉沙国"条云：人性犷暴，容貌粗鄙，文身绿睛。按佉沙即汉之疏勒；达摩悉铁帝国即魏时之护密，今小帕米尔一带，汉之休循国地。据《汉书·西域传》，疏勒以西北休循、捐毒之属皆故塞种也。今按唐时乌孙、疏勒、护密诸国之民族是否已有变迁，虽很难说，但其民族最少必有一部分自汉时遗留而来。《汉书》已明记乌孙有塞种人、大月氏人。休循、捐毒皆故塞种。大月氏为突厥人种已为一般人所承认，则大月氏人眼非碧绿已可证明。则颜师古所指乌孙人之赤发绿眼，系指乌孙中之塞种人似无可疑。由是而推测疏勒、护密人之绿睛皆为塞种人之特征。据此是塞种可能为雅利安种。但塞种人其种类不一，散布于黑海及药杀水一带，漫延于天山山谷者，杂斯拉夫种。唐时之黠戛斯尚有其遗种渗入。故《唐书·黠戛斯传》称其人长大赤发晳面绿瞳，与乌孙之塞种人相同，其散布于阿姆河及印度河之上源葱岭山谷者，则杂伊朗种。即今塔吉克人为其遗族。要之皆以雅利安种为其主要成分也。至乌孙本族之人种为何为一问题，就其与大月氏居于祁连山者言之，则除白鸟库吉所论者外，我尚无新颖见解。

日人学者《乌孙考》中谓乌孙国王名昆莫，贵人之名又多称靡，例如难兜靡、猎桥靡、泥靡、翁归靡、元贵靡、星靡、雌栗靡、安犁靡等，即突厥语 bi，犹言君长也。又此国始祖昆莫有受狼抚育之传说，与后世突厥民族狼之传说最为类似。且乌孙名称为突厥语 Usan 之对音，其意义为长，亦可为乌孙为突厥民族之一证。我对此尚无他见。乌孙原与大月氏居祁连山一带，后大月氏与乌孙又先后移徙于天山山谷。现大月氏为突厥种族已为一部分学者所共认，则与大月氏相邻之乌孙推测其为突厥民族未始没有可能；不过日人学者忘记乌孙中之塞种人为别一民族，而否认唐颜师古之说则过矣。

总之，西域为各民族交凑之地，古代即有汉人、羌藏人、突厥人、蒙古人、雅利安人、印度人迭居其地。大略言之，羌藏人居于昆仑山脉一带，而塔里木盆地南部诸国即杂羌藏人；突厥人居于天山西北吉里吉思原野，故塔里木盆地北部诸国杂突厥种；蒙古人居于天山东北阿尔泰山一带，故天山东部山谷诸族杂蒙古种；葱岭山谷邻于印度，故杂印欧种；吐鲁番盆地则汉人较多。

第四章　汉西域诸国之分布及种族问题

第三节　张骞使西域路线考

张骞使西域，前后共二次，第一次为汉武帝建元二年（公元前139年），使大月氏，元朔三年（公元前126年）还，居外凡十三年；第二次为武帝元狩四年（公元前119年），使乌孙，元鼎二年（公元前115年）还，去来凡五年。

第一次经行路线，据《史记·大宛列传》所述，骞与堂邑父俱出陇西，经匈奴，留十余岁，亡乡月氏，西走数十日至大宛。按是时，甘肃西部及天山北部均属匈奴，自冒顿单于攻走大月氏，匈奴西部南与羌接，西接乌孙，而康居、安息俱近匈奴，为其役属。时骞既为匈奴所得，传诣单于，时单于庭治外蒙古鄂尔浑河一带，如由此西走，必西南出阿尔泰山，经准噶尔盆地，过乌孙国北境，西南行至大宛。一说骞出陇西，必为浑邪王所得，浑邪王领地即今酒泉、敦煌一带。北为呼衍王领地，今天山东部哈密、镇西一带。骞虽传诣单于，然史称居匈奴中益宽，故其逃亡之地，不必发自单于庭，必游荡于浑邪、呼衍之间，乘隙沿天山北麓，出乌孙国南境而至大宛。按《史记》称汉使至乌孙，或出其南，抵大宛、大月氏可证。今从后说。

又史称骞至大宛后，大宛为发导译抵康居，康居传至大月氏，时大月氏已臣大夏，而居妫水北为王庭，骞又从月氏至大夏。按康居在大宛西北，大月氏在大宛西，骞至月氏，何故绕道康居，是不可不求之当时各国形势。按大宛国以今费尔干盆地为中心，南阻大山，王治贵山城，即今纳林河北岸之喀山，喀山、贵山，一声之转。康居在今锡尔河北岸，以塔什干为中心，即康居王冬日游牧之越匿。卑田城在其北，为康居王都，实不常住。

一说康居国境西南拓展至撒马尔罕一带，为康居小王附墨苏薙领地，南与大月氏之都密翎侯领地相接。大月氏以阿姆河为中心，击臣大夏而居蓝氏城。故骞欲自大宛至大月氏，西南阻于丛山，路不可通，必沿纳林河西行，经康居越匿境，而至撒马尔罕，又南行经康居小王苏薙领地而至大月氏之都密，达蓝氏城。一说张骞使西域时，康居国境尚小，仅以锡尔河北岸为限。大月氏过大宛西行，初未尽南迁，一部分尚游牧于撒马尔罕一带，康居为其役属。及大月氏南臣大夏，徙都蓝氏城，康居国境西南遂拓展至撒马尔罕，此是后事。故骞从大宛径西行，经康居境，即直抵

第四章　汉西域诸国之分布及种族问题

大月氏。时大夏在其南，故骞又从月氏至大夏，此为路线所必经，并非绕道苏薤也。按《史记·大宛列传》，称康居在大宛西北可二千里，大月氏在大宛西可二三千里。若如前说，则大月氏在大宛西南，与《史记》不合。故从后说。

次述归途。据《史记·大宛列传》所述，骞留月氏岁余，还并南山，欲从羌中归，复为匈奴所得，留岁余，单于死，与胡妻、堂邑父俱亡归汉。按《汉书·西域传》，从鄯善傍南山北，波河西行至莎车，为南道，南道西逾葱岭，则出大月氏、安息。时骞已至大夏。由大夏东归，必遵循南道，过帕米尔，出莎车，傍昆仑山北麓，经和阗、于阗、鄯善。羌今青海地；盖骞欲自鄯善，过阿尔金山至青海归，后为匈奴所得。观张骞为武帝言扜采、于阗事可证。如云："于阗之西，水皆西流注西海。其东，水东流注盐泽。"若非身至其地，不克详明如此。故从之。

第二次使乌孙路线，史无明文。但出使在元狩四年（公元前119年），史称元狩二年（公元前121年）浑邪王降汉，金城、河西（西）并南山，空无匈奴。其后二年，汉击走单于于幕北，于是河西之地，始属于汉，无复为行旅之患。故骞使乌孙，必由敦煌西行，过盐泽而至楼兰，沿孔雀河及塔里木河西北行，而至龟兹，即今库车。一说由库车西行至乌什，西北过木素尔岭之西，即《新唐书·地理志》之拔达岭，而至乌孙，乌孙治赤谷城，即在今伊塞克湖之南岸。一说乌孙故牧地，当以今伊犁河谷为中心，赤谷城当在今特克斯川或伊犁一带。骞至乌孙，即由龟兹西北行绕木素尔岭之东，西至伊犁河谷，并不绕道乌什。按据《汉书》所述，汉遣常惠使乌孙，合五万人攻龟兹。又乌孙公主遣女来京师，过龟兹。是汉时通乌孙道，以龟兹为中心。故从之。《魏书》云：乌孙治赤谷城，后西徙葱岭中。则由乌什出拔达岭至乌孙道，或为汉以后之道也。今不从。

第四章　汉西域诸国之分布及种族问题

第四节　两汉通西域路线之变迁

按两汉通西域道路，原有南北二道。《汉书·西域传》云："自玉门、阳关出西域有两道：从鄯善傍南山北，波河西行至莎车，为南道，南道西逾葱岭则出大月氏、安息。自车师前王庭随北山，波河西行至疏勒，为北道，北道西逾葱岭则出大宛、康居、奄蔡焉。"言词甚为简约。以我研究的结果，疑《汉书》所述为后汉通西域路线。与西汉通西域之路线，则有差异。按《魏略·西戎传》云："从敦煌玉门关入西域，前有二道，今有三道。从玉门关西出，经婼羌，转西，越葱岭，经悬度，入大月氏，为南道。从玉门关西出，发都护井，回三陇沙北头，经居庐仓，从沙西井转西北，过龙堆，到故楼兰，转西诣龟兹，至葱岭，为中道。从玉门关西北出，经横坑，辟三陇沙及龙堆，出五船北，到车师界戊己校尉所治高昌，转西与中道合龟兹，为新道。"（《魏志》卷三十注

123

引《魏略》）由《魏略》所述，以校《汉书》，除南道以婼羌易鄯善外，余均同。唯所述之新道，实即《汉书》之北道。而中道转为《汉书》所不记。今以考察所得，参合《史记》《汉书》所记，知《魏略》之中道，即西汉时之北道。后汉时之北道，即《魏略》之新道。班固以后汉之道路，系之于前汉，误矣。论述如下。

《史记·大宛列传》："宛国饶汉物，相与谋曰：'汉去我远，而盐水中数败，出其北，有胡寇，出其南，乏水草。又且往往而绝邑，乏食者多。'"（颜师古注《汉书》曰，绝邑，言近道之处，无城郭之居也）又云："贰师将军军既西过盐水，当道小国恐，各坚城守，不肯给食。"又云："西至盐水，往往有亭，而仑头有田卒数百人。因置使者护田积粟，以给使外国者。"按《史记》之盐水，即《汉书》之盐泽。时楼兰在泽之西，匈奴在泽之北，数为行旅之患。故《汉书·西域传》称："后贰师将军击大宛，匈奴欲遮之。贰师兵盛不敢当，即遣骑因楼兰候汉使后过者，欲绝勿通。"故云北有胡寇，盖指匈奴。在盐泽之东，玉门关以西，为白龙堆沙地，地无水草居民。由今罗布泊东北盐壳地带，可以证明其然。故《汉书·西域传》称楼兰国最在东垂近汉，当白龙堆，乏水草，与《史记》"出其南，乏水草""绝邑""乏食"正同。由此言之，是李广利伐大宛所行之路，即由玉门关西北行，过龙堆，经罗布泊北岸，直西经楼兰，至龟兹，与《魏略》所述之中道相合。李广利伐大宛，为汉武帝太初元年（公元前104年），太初四年（公元前101年）还京师，皆西汉时事也。

再以我所考察者证之：我在1930年春赴罗布泊考察，在湖北岸之一三角洲中，觅得古烽燧亭遗址一区。墙基犹存，亭上有竿五，南北骈列，盖为当时举烽火之具。亭东北隅，有房屋遗址，疑为官长所居，以芦苇为墙，间以咸块。发掘其下，发现木简漆器、服履之属甚多。木简长八寸，宽三分。墨书隶字，有黄龙、永和、元延诸年号，洵为西汉故物，器物时代亦颇相当。自元延以后，即不见有何文字。故疑此遗址，在西汉时为最活跃时期。自王莽以后，势力浸微矣。

我第二次去新疆，复至罗布泊古烽燧亭工作，又发现木简数枚，有记行人来往之词。在亭北五里许，有古道一；东西向行，盐层开处，中现通途，蜿蜒湖畔，有若游龙。在道两旁，时拾得五铢钱，及碎铜件之类，想必为行人所遗。以遗物证之，当与烽火亭有关系，且为同一时代所遗留也。

时楼兰与龟兹、仑头为直线。李广利出师大宛，虽分南北两道，而其北道必由此路行，故有屠仑头之举。且须经过此地。盖由此往东为盐水，有白龙堆沙碛；由此往西，有库鲁克河，为淡水，可溯河而西。故武帝诏书，有"从溯河山，涉流沙"之语，盖为此也。自李广利破大宛后，"西至盐水，往往有亭。而仑头有田卒数百人，因置使者护田积粟，以给使外国者"（见《史记·大宛列传》）。是此亭或即为武帝破大宛后所设，亦未可知也。据此，则汉初之北道，即《魏略》由玉门关西北过龙堆，到楼兰，直诣龟兹之径道。时车师在北，与匈奴为邻，不当孔道。虽宣帝时日逐王降汉，郑吉攻破车师，兼护北道；然由玉门关出五船北，至车师之新道，仍未通行。

《西域传》云："元始中，车师后王国有新道，出五船北，通玉门关，往来差近。戊己校尉徐普，欲开以省道里半，避白龙堆之厄。车师后王姑句以道当为拄置，心不便也。"按《太平寰宇记》述元始中之三道，其述新道云："从玉门关西北出，经横坑，辟二陇沙及龙堆，出五船北，到车师界戊己校尉所理高昌，转西与中道合龟兹，为新道。"与《魏略》所载之新道同。其述中南两道，亦复一致。是《魏略》中之三道，乃元始中之三道。但其新道终厄于车师后王姑句之阻，未见通行。及王莽之乱，西域复绝。故终西汉之世，其通西域只有南中两道也。及后汉永平十六年（公元73年），明帝命将北征，取伊吾卢地，置宜禾都尉以屯田。后复为匈奴所据。至和帝永元元年（公元89年），大将军窦宪大破匈奴。三年，班超遂因之以定西域。和帝死，西域又叛。延光二年（公元123年），安帝命班勇为西域长史，屯田柳中，如永元故事。置伊吾司马一人以静守伊吾，而西域之道复通。但此道为

第四章　汉西域诸国之分布及种族问题

《魏略》中所述之新道，即由伊吾以至车师者，与西汉之径道有异也。

《后汉书·西域传》云："自敦煌西出玉门、阳关，涉鄯善，北通伊吾千余里。自伊吾北通车师前部高昌壁千二百里。自高昌壁北通后部金满城五百里，此西域之门户也……。伊吾地宜五谷、桑麻、葡萄，其北又有柳中，皆膏腴之地。故汉常与匈奴争车师、伊吾，以制西域焉。"据其所述，与《魏略》所载出五船北之新道相合。伊吾即今之哈密地，五船虽不详其地址所在，但必在伊吾附近，即今哈密一带也。是后汉通西域之路，只有南北二道。而北道即《魏略》中所述之新道，中道在后汉已渐近衰微矣。虽安帝元初中，班勇请遣西域长史，将五百人屯楼兰。西当焉耆、龟兹经路，南强鄯善、于阗心胆，北扜匈奴，东近敦煌。但终不见用于安帝，而于延光中出屯柳中矣。柳中即由伊吾至高昌所必经之地，亦即玉门关西北出五船至车师所必经之地也。据上所述，则后汉之北道即《魏略》之新道，而西汉之北道即《魏略》之中道，无可疑也。至斯文·赫定所发现楼兰遗址，所得木简为晋太始以后事，与汉通西域道路无涉。斯坦因以此为汉通西域古道所必经之地，误矣。

次所欲论者，西汉初何以择此险道，后汉又何以改道？欲答此问题，须先明匈奴在当时之形势。

匈奴自冒顿为单于后，势渐强大，尽灭北方诸胡，与汉接壤。置左右贤王，以左王居东方，直上谷；右王居西方，直上郡。右贤王地又与氐羌相通往，氐羌在长安之西，即今甘肃、青海等地。故汉初西北两面，均被迫于匈奴与氐羌。匈奴屡为边境之患，致高祖被困于平城。武帝之初，虽屡遣大将军攻击匈奴，匈奴渐次西北徙；然西域诸国，亦与匈奴接壤，服属匈奴，如乌孙、车师，是其例也。故武帝欲保汉土之安全，必须行下二策：一、隔绝羌、胡交通；二、通西域以断匈奴右臂。及汉元狩中，骠骑将军霍去病击破匈奴右地，降浑邪、休屠王，空其地，以置酒泉、武威、张掖、敦煌四郡，匈奴益西北徙。羌、胡交通，自是断绝。故武帝第一策，目的已完全达到。

再说第二策。初张骞奉使西域，还言联络乌孙、大宛之利，武帝从其言。元封中，遣使与乌孙和亲，以公主妻乌孙王，俾与乌孙夹击匈奴。又派贰师将军击大宛，围车师，以威西国。西域诸国，亦遣使来贡献。轮台、渠犁，置田卒数百人，置使者校尉领护。是皆为武帝第二策之表观。然汉由白龙堆过楼兰至乌孙、大宛，必须经过极长之险道。时匈奴虽已西北徙，然与西域诸国相接，车师服事匈奴，共为寇钞。又匈奴西边日逐王置僮仆都尉使领西域，尝居焉耆、危须、尉犁间。汉使至西域，必经过车师、尉犁、焉耆之南境，即沿塔里木河旁之沙地，过龟兹以至乌孙。

第四章　汉西域诸国之分布及种族问题

楼兰与车师南北相值，当汉道冲。设车师与楼兰联络为一，以阻汉道，则汉与西域交通立时断绝。故保障通道安全，当为汉代之急务，楼兰即其重要之地也。

又西域诸国，虽一时服属于汉，而又被迫于匈奴，时离时合。故汉代欲通西域，非取得楼兰为据点不可。武帝死后，昭帝因楼兰王为匈奴反间，即立遣傅介子刺杀之，并屯田于伊循城。而以故楼兰为军事与运输之重地。例如宣、元之际，设都护，置军候，开井渠，积食谷。由盐泽以至渠犁，亭燧相望，皆为布置军事与运输之重要政策。而汉亦得以安稳渡过艰险之长廊沙地，无复后顾之忧。武帝之第二策即通西域以断匈奴右臂，至是乃完全成功。《水经注》称楼兰王迁伊循城，乃尉屠耆惧为前王子所害，自请于天子者，并非真实原因。

及前汉之末，哀、平年间，内政不修，中原和西域交通断绝，西域诸国自相分裂为五十五国。及王莽篡立，贬易诸侯王，西域怨叛，与汉绝，而役属于匈奴。光武初定，亦不遑远事。时西域诸国，复自相攻伐，匈奴复胁诸国，共寇河西诸郡县，边境骚然。汉为巩固边防起见，不得不重整旗鼓，恢复交通西域政策。然西汉通西域之路线，取直线，经过荒寂不毛的沙碛地带，复沿塔里木河前进，供给困难。且鄯善已南迁，而楼兰故墟又时为风沙所侵袭，究非屯军之良地。

故后汉不得不在由敦煌通西域路中间,另觅一安全之道,藉以为屯军之地。故注意及伊吾。伊吾居天山之东麓,为西域诸国门户,匈奴尝资之以为暴钞。又由伊吾至高昌(今吐鲁番),沿天山南麓经焉耆、龟兹至疏勒,为地理条件比较优越的道路。故明帝永平十六年(公元73年),命窦固出兵攻取伊吾,取之为北路据点。一面派班超慑服鄯善,收之为南路据点。然伊吾为军事要区,匈奴在所必争。而车师、焉耆、龟兹,又时与都护为敌。明帝虽取之,而章帝终不能长久保守,卒退出吐鲁番、哈密二地,致班超时陷于孤立地位。及和帝之初,窦宪再破匈奴,取伊吾,屯田车师。班超又藉之以破焉耆,西域五十余国又悉附汉,南北两路之天赋良道,遂完全为汉有矣。而经龙堆至故楼兰之径道,遂不复为汉人所注意也。

第四章　汉西域诸国之分布及种族问题

第五节　汉通西域后对西域之影响

自汉通西域以后，西域之情形有何变化，为吾人所论及之问题。自公元前138年，张骞奉使大月氏还，言通西域之利；武帝从之，甘心欲通大宛诸国，先之以军事，次之以政治，而汉文化亦随军事与政治以俱入。兹就《史记》《汉书》所记，及实地考察所得，概略言之：

自张骞第一次联结大月氏失败后，因乌孙与匈奴接壤，复献联乌孙以制匈奴之策。元狩中，骞复奉使乌孙，图结为昆弟，使之东迁；又分遣副使使大宛、康居、大月氏、大夏、安息、身毒、于阗、扜采（《史记索隐》："扜采音汙弥。"按《汉纪》作"拘弥"，疑拘当作扜，扜、拘一声之转也）及诸旁国。骞还，拜为大行，列于九卿。后岁余，骞卒；骞所遣副使通大夏之属者，皆颇与其人以俱来，于是西北诸国始通于汉矣。此武帝元鼎二年（公元前

115年）事也。汉亦置酒泉郡以统之。

然是时张骞已死，但开通西域之迹者，自张骞始也。自张骞死后，益发使抵安息、奄蔡、黎轩、条枝、身毒诸国，使者相望于道。一辈大者数百，少者百余，人人所赍操，大放博望侯时。使者既多，而外国亦厌汉币，不贵其财物；而楼兰、姑师当汉道之冲，负水担粮，迎送汉使，颇以为苦；常劫掠汉使王恢等。时匈奴日逐王盘踞天山东麓，即今哈密、镇西一带，中无高山间隔，匈奴骑兵出入为寇，设楼兰与匈奴相结，即可阻汉使之通行。故汉为防御匈奴，保障通道之安全，不能不对楼兰加以注意。元封三年（公元前108年），平西南夷后，遣从票侯赵破奴率属国骑及郡兵数万击姑师。王恢以轻骑七百人先至，虏楼兰王，遂破姑师。因举兵以困乌孙、大宛之属，汉遂得由酒泉列亭障至玉门矣。此汉通西域后，对于西域之初次军事行动也。

自此以后，汉与乌孙联合，以宗女江都翁主妻乌孙王，而收夹击匈奴之效。初汉使之使安息者，安息亦发使随与俱来，观汉广大，及宛西小国欢潜、大益，宛东姑师、扞采、苏薤之属，皆随汉使东来。葱岭以东各国，均服属于汉。所谓通西域以断匈奴之右臂者此也。太初元年（公元前104年），因大宛之攻杀汉使，掠取财物，即拜李广利为贰师将军，发属国六千骑及郡国恶少年数万人以攻大宛。适以兵少饥疲，为郁成王所败。太初二年，复

第四章　汉西域诸国之分布及种族问题

出兵攻宛，益发恶少年及边骑，出敦煌者六万人，负私从者不与。益发戍卒十八万筑居延、休屠以卫酒泉。又发天下七科谪，载糒给贰师，转车人徒相连属至敦煌。于是贰师得以破宛城、擒杀郁成王。汉复发使十余辈，至宛西各国。于是西域多遣使来贡献。汉遂自敦煌西至盐泽，往往起亭，而仑台、渠犁皆有田卒数百人，置使者校尉领护。此汉第二次出兵西域之经过也。

凡上所述，有为吾人不可不注意者，即每有一次之军事，即有一次边防之建设。例如第一次之攻楼兰，即筑亭障至玉门；第二次之伐宛，即起亭至盐泽。至亭障与军事之关系若何，记文简略。今据东西考古学者赴西北实地考察、测量之结果，知汉时国防之严密，规模之雄伟，有为吾人惊叹不置者。试思自肃州以北，北抵外蒙，西至天山之东麓，皆为寸草不生之冈峦戈壁。自敦煌以西，经龙堆咸地，达孔雀河末流而至楼兰，北穿噶顺戈壁而至哈密，亦皆为干山沙岭。时匈奴正盘踞于阿尔泰山及天山一带，游骑南下，则至肃州；出噶顺戈壁，则至敦煌；偏西，则及楼兰。时汉通西域孔道，自敦煌西行，经盐层地带而至楼兰，转西诣龟兹，为唯一之径道。宛贵人所言："汉去我远，而盐水中数败。出其北，有胡寇；出其南，乏水草。"并无大误。则克服此自然之困难，防御敌人之奇袭，以保汉道之安全，为汉时军略家所必须考虑之问题。

自元狩二年（公元前121年），浑邪王降汉，金城、河西，西并南山，空无匈奴。元狩四年，汉复击匈奴，走之于幕北。汉始筑令居以西，初置酒泉郡，以通西北国。盖酒泉为西北之门户，为内地北通外蒙、西达哈密与罗布泊所必经之地。又肃州境内有二大河伸入戈壁：一为额济纳河，经张掖、酒泉，北流经毛目额济纳旗而入索果诺尔、嘎顺诺尔，即古居延海；一为疏勒河，经玉门、安西、敦煌之北，西入哈拉湖。汉之军略家视此为天然之防御线。故汉既得酒泉为长城线之据点后，因王恢等之破楼兰王，遂立展长城线至玉门，即今之安西，李广利伐大宛，又展至敦煌以西之古玉门关，即今之西湖附近矣。

我在1928年赴西北考察，始自居延海，沿额济纳河（古弱水）南行，至毛目之北，沿途烽墩林立。当时虽未作地形测量，但大概多耸立于额济纳河之西岸。每隔约5公里或15公里距离，即有墩或堡垒。凡堡垒附近之处，必有一小城遗址，以为居人之所。其旁高地，炭渣遍地，为当时烽火之余烬无疑；间能得少许铜矢镞。南至天仓附近之古堡中，掘拾汉木简数枚；惜无年号，不能确定其时代，但决为两汉之故物。1934年1月，复往踏勘，在居延海附近，又发现规模较大之堡垒群80余座，包含二小城，我疑此地为居延都尉所治之地。附近车行辙迹，宛然如新；上覆浮土，约三尺许。若非目睹，难以置信。沿额济纳河旁烽墩林立，复联以双墙，自居延至天仓皆如此，疑史书所称之居延塞城即指

第四章　汉西域诸国之分布及种族问题

此。此一带城址，右临深河，间以沙碛，则所以防御匈奴之马蹄者，可谓至矣。

据《汉书·武帝纪》，太初三年（公元前102年），遣路博德筑居延泽上，则此一带堡垒及烽墩必建筑于此时，正值李广利第二次伐大宛之岁也。故《史记·大宛列传》称："北置居延、休屠以卫酒泉。"盖以此也。1930年，柏格曼君在额济纳河古堡中，发见汉木简甚多，有太初、征和等年号。则路博德筑城之岁，与李广利伐大宛同时。则此一带塞城建筑，为护卫李广利之伐大宛，益可信矣。又斯坦因于1907年赴西北考察，在敦煌以东以西，发见古塞城遗址。据斯坦因地图，由东而西，与我所见之毛目北之塞城相接。西经金塔至玉门，沿疏勒河河床，至安西及敦煌之北，西至哈拉湖之小盐湖即巴什托乎拉克而止[1]。其建筑形式，如斯

---

[1] 王静安先生《流沙坠简后序》，关于玉门关之迁徙有所考证，详见本文。略谓沙畹氏以九十三度三十分托乎拉克布拉克之塞城，为太初以后之玉门关，九十四度为太初以前之玉门关。王氏则以"九十四度为太初以后之玉门关，太初以前之玉门关在今玉门县，即汉之酒泉郡玉门县也。唯九十三度三十分之塞城，无可稽指。据《汉书·西域传》'……西至盐泽，往往起亭'之语，则以为后修筑至盐泽者"。我按九十三度之塞城与九十四度之塞城相差仅百余里，当为同时所筑，九十四度为关城所在，即玉门都尉所居之地；以西之塞城，乃烽候所在之地，皆为太初以后，或即天汉年间所置。由《汉书·西域传》敦煌以西起亭至盐泽一语，可证也。至敦煌以东之塞城，则疑在元封四年（公元前107年）后。由《史记·大宛列传》叙"酒泉列亭鄣至玉门"于封恢为浩侯之下，可证也。

坦因报告所述，与毛目北之居延塞城大致相同。斯坦因在此一带，掘拾汉简千余只，已由沙畹考释影印；复经王国维、罗振玉二氏重加考释，影印出版。其烽燧之次第，关城之方位，皆有精密之研究，无容吾人置喙。唯斯坦因氏所发现之木简，时代最古者，首推天汉三年（公元前98年），距李广利伐大宛之岁，不过数年耳。则敦煌塞之建筑亦在李广利伐大宛之时或稍后，由此亦可以确定。且据斯坦因报告：在塞城之旁，有一古道，人行足迹，交错如新。又在托乎拉克布拉克其古道上之车迹，印泥甚深[1]。凡此种种，均与我在额济纳河旁所见相同，由此可证边城与古道相互之关系。而《史记·大宛列传》中所称"转车人徒相连属至敦煌"，益信而有征矣。至托乎拉克布拉克以西，始不见烽墩之迹；直至罗布泊北岸孔雀河末流，又见烽墩，如我所发见者。然据其文献，似建筑于宣帝设都护之后，无武帝时事。故《史记》《汉书》所记，自伐宛之役后，起亭至盐泽，为追述武帝之后事也。

以上所述，皆就汉初军事行动，略为叙述。昭帝因楼兰王不恭于汉，迁其国都于伊循城。楼兰故地，汉人用为军事及运输之根据地。西域门户，遂全握于汉人之手。及宣帝遣卫司马郑吉使

---

[1]《亚洲腹部之地理及其在历史上之影响》，孙守先译，载《地学杂志》第十七卷第二期。

第四章　汉西域诸国之分布及种族问题

护鄯善以西数国，复破姑师，降日逐，匈奴远遁，西域南北两道诸国，全属于汉，此神爵三年（公元前59年）事也。自此后，汉之于西域，主要在于政治之联系。至后汉之时，虽明、和两帝，时向天山东麓进兵，其目的在攻匈奴，非为西域。但班超运用政治手段次第收服西域诸国，使其内向。兹就宣帝以后，关于政治之设施，略述于下。

按据《汉书·西域传》所记，汉初在西域政治组织，分为二类：一为汉官，为汉朝直接所派遣者，大抵皆为汉人；一为西域汉官，皆西域人而佩带汉印绶者。请先述西域汉官。据《汉书·西域传》云：

> 最凡国五十。自译长、城长、君、监、吏、大禄、百长、千长、都尉、且渠、当户、将、相，至侯、王皆佩汉印绶，凡三百七十六人。

但细查《西域传》中所录各名，实不及此数。徐松《汉书西域传补注》称二百四十七人，我统计，人数与之相同（详见《西域各国汉官表》）。盖《汉书》列其总数而言也。例如《汉书》所举之"百长"，传记中不录；则西域各国佩汉印绶而不录列于传中者，尚有一百二十七人。至于各国国王及夫人印绶，尚不在数中，至所置官员，以"侯""都尉""将""当户"各官长为最普通，或各国皆具，盖专为征发士兵及粮茭之助也。亦有"特设侯""击车师都尉"，则因事命官，不必各国皆同。试以鄯善一国为例，"君"及"译"制，有"辅国侯""却胡侯""鄯善都尉""击车师都尉"（"击"者，如"击胡车师君"）"左右且渠""译长"各官，除"辅国侯""译长"与各国同为普通官制外，若"鄯善都尉""左右且渠"则因鄯善所固有，而加印绶外；若"击车师都尉""击车师君"则因助军而受汉朝之官号者。试查《西域传》中，设"击车师都尉"者二国：鄯善与龟兹；"击车师君"二国：鄯善与焉耆。按鄯善、焉耆，均与车师为邻。汉尝与匈奴争车师，每征邻国之兵为助。《西域传》"车师后城长国"云：

> 武帝天汉二年，以匈奴降者介和王为开陵侯，将楼兰国兵始击车师。……征和四年，遣重合侯马通将四万骑击匈奴，道过车师北，复遣开陵侯将楼兰、尉犁、危须，凡六国兵，别击车师……诸国兵围车师，车师王降服，臣属汉。

此虽不言焉耆，但焉耆与危须、尉犁均为近邻，必参与是役无疑。故鄯善之"击车师都尉"及"击车师君"，疑设于武帝征和四年（公元前89年）或天汉二年（公元前99年）击车师之时。时楼兰

第四章　汉西域诸国之分布及种族问题

尚未改国号，故传记中仍用楼兰国名号。以后虽不击车师，而官名仍存，故班固著录之。至龟兹之"击车师都尉"，疑设于宣帝以后。《西域传》中称：地节二年（公元前68年），吉、憙发城郭诸国兵万余人，自与所将田士千五百人共击车师，攻交河城，破之。时龟兹已属汉，必参与是役。则龟兹"击车师都尉"之设，当在宣帝以后。至于"却胡侯"亦疑设于汉宣帝元康间，与焉耆之"却胡侯"及龟兹、危须、焉耆、车师后王之"击胡侯"同置，皆因争车师与击匈奴而设也。

由是言之，西域诸国之兵士受汉朝之调遣，统兵之军官受汉朝之命令与官号，则西域诸国之军权，完全集中于汉官之手矣；不特鄯善一国为然也。故自汉武帝伐大宛之役以后，历昭、宣、元、成，从未派遣大军至西域，皆用西域之兵也。其次则为汉派遣之汉官。在武帝时，仅置一"使者校尉"领护田卒。及宣帝神爵三年（公元前59年），因匈奴日逐王降汉，设置都护。据《汉书·西域传》所述："都护督察乌孙、康居诸外国动静，有变以闻，可安辑，安辑之；可击，击之。"是都护职权专制一方，为西域诸国之军政最高首领。《西域传》又称"屯田校尉"始属都护，是又兼摄屯垦事务。是不啻西域之军、政、财三大权，均集中于都护之手矣。据《汉书·百官公卿表序》云：

神秘的西域

　　西域都护……有副校尉，秩比二千石，丞一人，司马、候、千人各二人。

据此表：戊己校尉之丞、司马、候秩比六百石，则都护之丞、司马、候、千人秩禄当与相同。是都护之秩禄等于汉之郡太守。故西域都护治乌垒，立幕府。《汉书·傅常郑甘陈段传》云"（郑）吉于是中西域或则立莫（幕）府"，可证。汉制惟大将军有幕府；今郑吉于乌垒立幕府，是权侔大将军矣。故能征发兵马，征讨不服。而西域将、相、王、侯，亦统受其节制也。至元帝时，复置戊己校尉，屯田车师前王庭。我考证戊己校尉直属中央，专理车师屯田，非有朝命，不得调遣。故其权仅次于都护也。现乌垒故址，迄今尚未发现，难以考古学上之助，说明当时都护所在地之情形。但我在1930年春在孔雀河末流罗布泊北岸，发见古烽燧亭遗址，获得汉木简数十只。最早者为黄龙元年（公元前49年），汉宣帝年号，距设都护之岁已十一年；故此地之设烽燧亭，当为西域设都护以后事。在我所获简中，有一简上书："右部后曲候丞陈殷十月壬辰为乌孙寇所杀。"（《罗布淖尔考古记·木简考释》第三简）又一简云："永光五年七月癸卯朔壬子左郑左曲候（下缺）。"（同上第二简）我在《罗布淖尔考古记·木简考释》中已解释右部后曲候屯姑墨，右部右曲候屯龟兹。然则左部左曲候屯驻何地耶？

第四章　汉西域诸国之分布及种族问题

今当论及。

我第二次在烽燧遗址中复发现前后兵营，及烽火台下所遗留之粮食，如胡麻之类，干结成饼状；在土台之上面为烽竿。是当时建筑，上为烽竿，而下为积谷之仓库，形迹至为显然。又在其西孔雀河北岸，有屯田沟渠、堤防遗迹及草屋聚落，可为当时在罗布泊即古楼兰故址屯田之证。汉为保护田卒起见，故在其东部设置烽燧亭以防敌寇之钞掠，且兼营护卫行旅之事；则此处必有一候官，或部校尉以统理之。故我据木简所写，疑此地为"左部左曲候"所驻者也。因在乌垒之东，故称左部，以别于乌垒西右部屯田之所也。又按左部左曲候既屯楼兰，则左部后曲候必屯交河，由我所获木简中有"交河曲仓"及"交河壁"等字样可证。及哀、平以后，中原多故，西域隔绝，楼兰屯地遂被放弃。后汉和帝永元中，复置都护，居龟兹；又置戊己校尉居车师前部"高昌壁"，置"戊部候"居车师后部候城。终后汉之世，楼兰故地不设官守，与前汉异也。

以上所述，汉代经营，皆就军事政治两面申述。次即述汉文明之输入。试查《史记》《汉书》所记，自玉门关以西，皆为沙漠地带。楼兰、姑师为游牧民族，本不事田作。汉使所过，及军事行动，每因乏食绝邑，不能达到目的。故汉自通西域后，欲求军事之顺利进行，及政治势力之巩固，唯一急要，则为施行屯田政策。自李广利伐大宛后，轮台、渠犁均有田卒数百人。昭帝时，南迁楼兰于伊循城，置司马吏士，屯田积谷。自匈奴日逐王降汉后，车师、莎车亦为汉人屯田之地。其他如楼兰、龟兹、姑墨，亦无不有屯地；此皆有记载之可凭者。试思新疆南部，沙漠大半，其可耕之地，亦属有限，而均有汉人垦区，则由屯田所发生之文明，亦必影响于本地人之生活而为之改善，此理之所必然也。兹举其要者言之。

1. 井渠及农作法

《汉书·张骞李广利传》云："宛城中无井，汲城外流水。"又云："贰师闻宛城中新得秦人，知穿井法，而积食尚多。"据此，是大宛之知穿井法，由汉人所传。大宛在西域称大国，与康居、安息相接；而穿井之法，乃得之于汉人，则葱岭以东之国，更无论矣。今吐鲁番、托克逊有以坎井灌地者，斯坦因、伯希和均以为出于伊朗；王国维氏则以为此中国旧法。

据孟康注《汉书·西域传》云，卑鞮侯井，"大井六，通渠也，下流涌出，在白龙堆东土山下"。井名通渠，则确是井渠[1]。据此，则凿井之法，出于汉人，而非出于伊朗人，可确信也。其次如开

---

[1]《观堂集林》卷十七，《西域井渠考》。

第四章　汉西域诸国之分布及种族问题

渠筑堤之法：新疆气候干燥，终年少雨，故引河水灌地，为农作必要之措施。然西域人初不知之。及汉通西域，推行屯田政策，而农作之法，遂输入于西域。例如《水经注》所记楼兰筑堤之故事，及我在罗布泊孔雀河北岸所发见之柳堤及古渠，可以为证。鄯善王尉屠耆归国时，请汉遣将屯田伊循，汉为之遣司马一人、吏士四十人前往。据《汉书·西域传》鄯善原为游牧民族，随逐水草，寄田仰谷旁国。尉屠耆居汉最久，必深知农作之利，故其归国欲藉汉力推行农作以开发其土地。据此，则鄯善及楼兰由游牧生活而进入农业社会矣。

其次如车师、轮台亦然。车师原亦为游牧民族，汉为屯田其地，累与匈奴战争。元康二年（公元前64年），乃尽徙车师国民令居渠犁，以车师故地给匈奴。《汉书》称车师王得近汉田官，与匈奴绝，亦安乐亲汉。时车师国民必已参加渠犁田作而转入农民生活，故以为安乐也。又《西域传》云：李广利征大宛还，以扜弥太子赖丹入京师。昭帝时，以赖丹为校尉，田轮台。轮台与渠犁，地皆相连也。后为龟兹贵人所杀。按校尉为田官之首领，赖丹为扜弥太子，亦可以为田官，则汉在西域屯田，不必尽为汉人，本地人亦可参加屯田工作。不特此也，《汉书·西域传》"温宿国"条下，唐颜师古注云："今雍州醴泉县北有山名温宿岭者，本因汉时得温宿国人，令居此地田牧，因以为名。"若师古之言可信，则汉时温宿国人且至内地营田牧生活，同化于汉人也。又如《汉书·地理志》，安定郡有月氏道，上郡有龟兹县，皆因居西域国人而得名。则西域人移居内地田牧，又非仅温宿一国也。由此可见汉之屯田政策，已伸入西域各地，由于屯田而改变本地人之生活状况，又事理之所必然。至于所应用之农具及与耕作有关之什物，必与内地为一系统也。

2. 陶器及漆木器

在汉通西域以前，日常之用具为何？尚乏实地之材料。就吾人在罗布泊古坟中所见，本地人所应用者，为骨器、草编品及未烧炼之泥具而已。无疑的，皆为未受汉化之土俗用品也。反之，吾人踏查其他陶片散布地，间有汉铜小件及五铢钱为证明者，其陶片多作红色与青色两种，花纹多作水波纹、绳纹及回纹，显与内地之传统纹样相同，形式亦多趋一致。无论其为车旋法或手抟法所制造，要皆为中原之作风，而与西来者迥殊。凡此种种，我在《高昌陶集》中已详加申述，在此不容再述。若轮台、库车、和田瓦砾之散布及完整之陶器，其花纹形样，皆不出于上举之范围。尤其在天山北麓古坟中所出之黑陶壶，与内地所出形式纹样均同，是可证自汉通西域以后，陶工艺术之输入，极为广泛，竟遍及天山南北两路。

第四章　汉西域诸国之分布及种族问题

盖西域各地因受汉朝屯田之影响，农业大为改进后，第一为人民所需用者即为陶器；盖制陶与农业有密切之关系。虽和田之约特干、莎车之图木舒克，时有彩绘及带兽形之陶器及木具，非自内地来，但以同时出土之其他物件为证，皆为隋、唐时之产品，又属佛教入新疆以后之事也。其他西域人所用陶器，均属于中原作风。楼兰最在东陲，与汉为近，其什物受汉文化之影响，更为深切，当无可疑，就吾人踏查所及，陶片分为二类：一为沙质，一为泥质。其泥质者，疑来自内地；花纹形式，均与内地相同。其沙质者，疑本地所造。盖罗布泊地多沙卤，不便作细陶；然为应用起见，故以本地沙土为质，加以烧炼，极不光平；然其式样，则属内地之作风。此项陶片，多散布于孔雀河末流北岸古渠附近之古代村落遗址间，可证其为真正民间之用品矣。唯有孔雀河末流觅得陶片二：一朱绘纠绳纹，红泥质，中含石子；一刻绳纹，表面青灰色，里刷红色，虽为手抟法所制，然制作甚精。疑直接来自内地，或出于甘肃；因泥质中均含石子，与甘肃北部及内蒙古长城附近之古陶片为一致也。其次为漆木器：我在罗布泊古坟中，得漆桶状杯二件，又在古烽燧亭遗址得漆两耳杯、漆木具之类。

《史记·大宛列传》称，"自大宛以西至安息……其地皆无丝漆"；则葱岭以东诸国，更无漆器，可以推知。今罗布泊古墓及遗址中，发现漆器，则必来自内地，毫无可疑。其漆两耳杯，式样又见于陕西、河南出土之陶质与铜质。故是项用具，皆为中原所普遍通行之用具。尤其遗址中之漆木具，在木板上涂生漆，而用于器物及建筑上，则汉代工艺之进化，实使人欣佩不已。而我所获之两耳杯，中无木质，完全由干漆及纻麻布作成，元时名曰脱空。其后佛教东来，和田、库车又用夹纻法以造佛像，见于《大唐西域记》卷十二所记。虽夹纻造像始于梁简文帝，但夹纻之法，实始于汉，由汉传入西域也。至若木器，我在古坟中发现有木碗及木几之类。据我之工作经过，皆为衣冠冢所出。同时出土者，尚有漆器，则必来自中土无疑。此就我所见者为言。其他关于日常用具，除含宗教性者外，疑多受汉人影响，不及备举。且有至今尚存汉时遗制者，如食具中之枥枸是也。是皆由农业之进展，而器物遂随之输入故也。

3. 钱币

农业发展促进了货物交换和货币的使用。西域诸国之钱币为何，亦可窥见其文明之所从来矣。试据《汉书·西域传》所述：安息之钱币，以银为质，文独为王面，幕为夫人面；条支之钱币，文为人头，幕为骑马；罽宾、乌弋山离均同。大月氏货币，虽《汉书》无记载，但以近今出土者为例，其式样颇与安息诸国相似；皆以金银为质，中无孔，唯文幕各异耳。又观现新疆故址所散布

第四章　汉西域诸国之分布及种族问题

之钱币，类皆为五铢钱①，为汉时中原所通用之钱币。但据史籍载记称，龟兹国亦铸五铢钱。但由我发现者，其钱较小，圆廓方孔，上不铸字，散布极广，随手可拾；则为当时人民所通用之钱币无疑也。其次，高昌铸有"高昌吉利"钱，见于日人《西域考古图谱》。我亦采获其一，类皆方孔圆廓，取式于汉之五铢钱无疑。又我在莎车拾方孔钱一枚，上有西域文字，幕有一蛇；然皆近于汉之钱式，与安息、大月氏之货币非一系统。吾人虽在疏勒、莎车、高昌偶拾无孔钱，但皆为宋以后之钱币。疏勒、莎车在宋初已被回教徒所占据，则其无孔钱必为当时回教徒所通行之货币。

高昌在宋、元以后，亦属于畏兀儿，其所用之银币，上铸畏兀儿文，疑亦为当时人所用。但此地以银为质，疏勒、莎车以铜为质为异耳。至于罗布泊本地用何种钱币，由今考古上之踏查，大多数皆为汉五铢钱，已详于各家考古报告中，无容再述。我在1934年，在孔雀河沿岸，曾在一地方圆不及半公里，拾五铢钱约六百余枚。其散布之广，由此可见。但此项钱币，皆为汉人所输入；楼兰本国是否铸有同样钱币，今尚无所发现，但亦不见无孔钱，是安息以西之货币，尚不达于此土也。

---

① 《晋书·食货志》。

4. 丝织品

中国以产丝著闻于世界，初见记载于希腊历史家。希罗多德（Herodotus）《上古史》，称中国为 Seres，希腊语"绢"之义。又公元前 150 年，托勒密（Ptolemy）《地理书》中，亦记希腊商人实到过"绢国之都"[1]，此地据一般学者解释，相当于今日疏勒，为中国古时极西部之国际市场。《汉书·西域传》称疏勒有列市，亦指此地也。据此，是内地丝绢早已运至新疆之疏勒，再转运至欧洲。及汉武通西域，交通大开；汉使臣尝以财物赠予西域各国，而西域各国亦以汉财物丝绢之类为交易之媒介物。例如《后汉书·西域传》"大秦"条云："安息欲以汉缯彩与之交市，故遮阂不得自达。"则中国丝织品，由安息输入于罗马，益可信也。但当时贩丝之道，必经塔里木盆地，而楼兰扼其咽喉。斯坦因尝于楼兰遗址中发见一捆绢彩，为当时贩运所遗[2]，或楼兰人亦作贩丝之业也。

我在楼兰虽未发见绢彩，但在孔雀河沿岸之衣冠冢中，死者衣文绮绢彩，甚为都丽；虽黄发小儿，亦皆披服锦绣。则楼兰必早已接受汉丝织文明，毫无可疑。《大唐西域记》中，曾记和田桑

---

[1] 向达译：《斯坦因西域考古记》，中华书局 1936 年版，第 18 页；又第 208 页。
[2] 向达译：《斯坦因西域考古记》，中华书局 1936 年版，第 45 页插图 30、31。

蚕故事称，于阗以国无蚕桑，向东国求婚，遂由东国女秘密运桑蚕至于阗。此故事亦见于西藏文学中。后斯坦因在和田旦当乌利克寺院板壁上，发见一故事画，即描写此事①。据西藏文学称："东国指中国一地方。"如然，是于阗蚕桑，直接由内地传入。但又据 Sten Konow《于阗研究》，称："据藏文《于阗历史》，娶中国公主输入蚕桑者为尉迟舍耶（Vijaya-jaya），在公元后 220 年以前。"② 据其所述，是相当于东汉末季，此时汉朝无与于阗结婚之事。疑东国之君为鄯善王；盖鄯善西与于阗为邻，鄯善王尤还又为汉朝外甥，先有蚕桑，极为可能。又观斯坦因在旦当乌利克所获之故事画片，男女皆作西域人种型可证也。若然，是汉朝蚕桑传至鄯善，再由鄯善传至于阗；在传播路线上，亦复相合。故与其谓东国君指汉皇帝，不如指为鄯善王较为合理也。至今和田蚕桑业甚盛，丝绸亦甚有名，而鄯善则久已废弃矣。

5. 兵器

按《汉书·西域传》"婼羌"条云："山有铁，自作兵。兵有弓、矛、服刀、剑、甲。""鄯善"条云："能作兵，与婼羌同。"是

---

① 见万壮猷译 Sten Kown:《于阗研究》，载北平女子师范大学《学术季刊》第一卷第四期:《所谓东伊兰语即于阗国语考》。
② 同上。

鄯善、婼羌原有兵器，不过弓、矛、刀、剑，以铁为质而已。其他各国兵器，亦不出婼羌所能之范围。《史记·大宛列传》云："大宛不知铸钱（铁）器，乃汉使亡卒降，教铸作其他兵器，得汉黄白金，辄以为器，不用为币。"按大宛为西域大国，其兵器且用汉法，其他各国，可以推知。盖汉朝兵器，以铜为质，再杂以锡。《考工记》云：

> 金有六齐：六分其金，而锡居一，谓之钟、鼎之齐；五分其金，而锡居一，谓之斧、斤之齐；四分其金，而锡居一，谓之戈、戟之齐；三分其金，而锡居一，谓之大刃之齐；五分其金，而锡居二，谓之削杀矢之齐。……

《考工记》为先秦人所记，载入于《周礼》中，必为可信。现罗布泊出土之遗物，如铜镜、矢镞及小铜器，颜色淡黄，中皆杂锡，可以验其然也。今婼羌、鄯善，以铁为兵，不惟不知用铜，且不知杂锡；故以本土兵器与汉兵器较利钝，则远不如也。汉兵器，以弩弓为最强；汉初十石以上弩，皆禁止出关可证。《史记·大宛列传》称，李广利伐大宛，兵弩甚设，及至宛城，宛兵迎击，汉兵射败之。是汉之破宛，恃弩兵之力也。婼羌、鄯善，仅有弓矛之用，器不锋利。及汉通西域后，弓弩之法传至西域，西

第四章　汉西域诸国之分布及种族问题

域人改进兵器，然犹不及汉。由《汉书·陈汤传》所言，可以明其然也。

以上五者，就西域受汉文化影响较大者而言。由此五者所发生之连带影响，当更较繁复。例如由内地丝织品之输入，则服御之制，必随之变更。例如晋隆安间，法显至鄯善，称："俗人衣服，粗与汉地同。"《汉书·西域传》称龟兹王绛宾"乐汉衣服制度"可证也。服御既如此，则其他如由钱币及田作法之输入，而影响其权衡度量；由兵器之改进，而影响其战争之法，攻守之具；此皆可比推而知也。

神秘的西域

附表 西域各国汉官表

国名	官级					人数
鄯善	辅国侯	却胡侯	鄯善都尉击车师都尉	左右且渠	译长二人	余各一人，共九人
且末	辅国侯			左右将	译长	各一人，共四人
小宛	辅国侯		左右都尉			各一人，共三人
精绝			精绝都尉			各一人，共四人
扜弥	辅国侯		左右都尉	左右将	译长	余各一人，共九人
于阗	辅国侯		左右都尉	左右将	东城长、西城长、译长	各一人，共八人
皮山				左右骑君	译	各一人，共六人
蒲犁		侯	都尉	骑君	长	各一人，共三人
莎车	辅国侯		都尉二人	左右将	译长四人	余各一人，共十二人

152

第四章 汉西域诸国之分布及种族问题

续表

国名		官级			人数
疏勒	辅国侯 疏勒侯 击胡侯	都尉	左右将	左右骑君	译长二人	余各一人,共十人
尉头		左右都尉			各一人,共四人
姑墨	辅国侯 姑墨侯	都尉	左右将	左右骑君	译长二人	余各一人,共九人
温宿	辅国侯	左右都尉	左右将	左右骑君	译长	各二人,共十人
龟兹	辅国侯 安国侯 击胡侯	大都尉丞 击胡都尉 击车师都尉 左右都尉	左右将	左右骑君 左右力辅君 东西南北部千长各二人,译长四人 却胡君三人	余各一人,共二十九人
乌垒		城都尉			译长	各一人,共二人
渠犁		城都尉			一人
尉犁	尉犁侯 安世侯	左右都尉	左右将	击胡君	译长二人	余各一人,共九人

153

续表

国名	官级				人数
危须		击胡都尉 左都尉 右都尉		左骑君 右击胡君	译长 各一人，共十人
焉耆	辅国侯	击胡侯 击胡却胡侯	左将 右将 左都尉 右都尉 击胡都尉二人	击胡君 击车师君 归义车师君 击胡君二人 左右胡君	译长三人 余各一人，共十八人
乌贪訾离	辅国侯		左都尉 右都尉		各一人，共三人
卑陆	辅国侯		左将 右将 左都尉 右都尉		左译长 右译长 各一人，共七人
卑陆后国	辅国侯		都尉 将二人		译长 余各一人，共五人
郁立师	辅国侯		左都尉 右都尉		译长 各一人，共四人
单桓	辅国侯		左都尉 右都尉 将		译长 各一人，共五人

续表

国 名	官 级				人 数
蒲 类	辅国侯		左右都尉	左右将	各一人，共五人
蒲类后国	辅国侯		左右都尉	左右将	各一人，共五人
西且弥		西且弥侯		左右将	译长	各一人，共五人
东且弥		东且弥侯	左右都尉	左右将		各一人，共五人
劫 国	辅国侯		都尉			各一人，共三人
狐 胡	辅国侯		左右都尉		译长	各一人，共三人
山 国	辅国侯		左右都尉	左右将	译长	各一人，共六人
车师前国	辅国侯	安国侯	都尉 归汉都尉	左右将	车师通 善君 善君 善君	译长二人	余各一人，共十一人

第四章　汉西域诸国之分布及种族问题

155

续表

国名	官级						人数
		击胡侯	左右都尉	左右将	道民君	译长	
车师后王国	二十三人	十六人	五十八人	四十四人	四十人	五十人	各一人，共七人
合计							总共二百三十一人
乌孙	相大禄左右大将	侯三人	大将都尉二人	大监二人	大吏舍中大吏二人	骑君	余各一人，共十四人
大宛	副王辅国王						各一人，共二人
							连上总共二百四十七人

156

第五章 大月氏故地及西徙

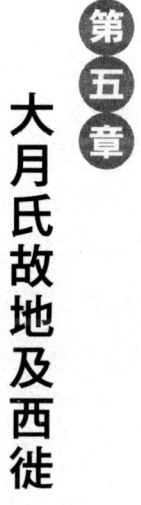

第五章　大月氏故地及西徙

第一节　大月氏故地

《汉书·西域传》"大月氏"条云："大月氏本行国也，随畜移徙，与匈奴同俗。控弦十余万，故强轻匈奴。本居敦煌、祁连间。"与《史记·大宛列传》所述相同。《汉书》盖抄袭《史记》之文。《史记正义》云："初月氏居敦煌以东，祁连山以西。敦煌郡今沙州，祁连山在甘州西南。"《汉书·西域传》"乌孙"条云："乌孙本与大月氏共在敦煌间，今乌孙虽强大，可厚赂招，令东居故地。"《张骞传》云："（骞）曰：'臣居匈奴中，闻乌孙王号昆莫。昆莫父难兜靡，本与大月氏俱在祁连、敦煌间，小国也。大月氏攻杀难兜靡，夺其地，人民亡走匈奴。'"

按据《汉书·西域传》，是自甘州以西，敦煌以东皆为月氏、乌孙所居。又据《汉书·西域传》"乌孙"条"东居故地"之语，《史记》作"东居浑邪地"。按浑邪分地，据《汉书·武帝纪》元狩二年（公元前121年），浑邪王杀休屠王来降汉，以其地为武威、酒泉郡。是浑邪地在今之肃州，休屠地在今之凉州；汉招乌孙居浑邪故地，是在今肃州一带，原为乌孙故地。据此，是乌孙与月氏分地，乌孙在肃州以西至敦煌，月氏在肃州以东至张掖。《后汉书·梁懂传》注曰，昭武故城，在张掖西北。丁谦云："今高台县地。"据此是大月氏据地，以张掖为中心。《隋书·四夷传》云："其（康国）王本姓温，月氏人也，旧居祁连山北昭武城。"按《汉书·地理志》，昭武县属张掖郡。与《后汉书·梁懂传》注相合。则大月氏东居肃州以东可无疑也。但乌孙与月氏何时共居，史无明文。据《匈奴传》汉文帝前元三年（公元前177年），匈奴已灭月氏。又据《张骞传》月氏攻乌孙，昆莫尚在襁褓，及大月氏西迁，昆莫复破月氏，时昆莫必已壮年，至少当在二十至三十岁之间。如此，则乌孙与月氏共居敦煌、祁连之时期，当在秦、汉之际。

第二节　大月氏西迁

《汉书·西域传》"大月氏"条云：

> 大月氏……本居敦煌、祁连间。至冒顿单于攻破月氏，而老上单于杀月氏，以其头为饮器。月氏乃远去，过大宛，西击大夏而臣之，都妫水北为王庭。其余众不能去者，保南山羌，号小月氏。

据此，是大月氏西迁，在老上单于杀月氏王时。老上在汉文帝前元六年（公元前174年）立，则月氏西徙，必在文帝前元六年后。大月氏西迁遵何道，言人人殊。然据《汉书·西域传》"乌孙"条："（乌孙）本塞地也，大月氏西破走塞王，塞王南越县度，大月氏居其地。后乌孙昆莫击破大月氏，大月氏徙西臣大夏，而乌孙昆莫居之，故乌孙民有塞种、大月氏种云。"按乌孙地即今伊犁河谷，是大月氏之西徙，先居伊犁河谷，伊犁在天山之西端，西接葱岭，南与焉耆、库车相接。乌孙西徙，由南而北，必先经过楼兰、焉耆、库车，西北至伊犁。按焉耆读若乌支，龟兹读为屈支，皆与月氏音近，或亦大月氏西迁时所建立之国家，如大夏西迁而建立吐火罗故国一例也。至乌孙后，再西徙，过大宛，时大宛居今之费尔干盆地，西至撒马尔罕留止，建康国。

《隋书·西域传》"康国"条云："康国者，康居之后也。……自汉以来，相承不绝。其王本姓温，月氏人也。旧居祁连山北昭武城，因被匈奴所破，西逾葱岭，遂有其国，支庶各分王，故康左右诸国，并以昭武为姓，示不忘本也。"《唐书》同。一曰萨末鞬，即今之撒马尔罕。按康国是否为大月氏之后，为另一问题。然大月氏初迁至萨末鞬，则确为事实。由大宛至撒马尔罕适东西一线。张骞之使西域，西走数十日至大宛，大宛为发导译抵康居，康居传致大月氏，与西迁之路线适同。故《史记·大宛列传》记大宛与大月氏、大夏之方位云："（大宛）北则康居，西则大月氏，西南则大夏，东北则乌孙。"又云："康居在大宛西北可二千里，行国。""大月氏在大宛西可二三千里，居妫水北，其南则大夏，西则安息，北则康居，行国也。"按张骞出使在建元三年（公元前138年），使西域十三年返在元朔三年（公元前126年），时大夏

第五章　大月氏故地及西徙

尚在，月氏立王庭于妫水北。及至班固作《汉书·西域传》，所记大宛、大月氏方位则与《史记》异。《汉书·西域传》"大宛"条云："（大宛）西南至大月氏六百九十里，北与康居、南与大月氏接。"又"大月氏"条云："大月氏国，治监氏城，……西至安息四十九日行，南与罽宾接。"按班固作《西域传》，迄于西汉之末，时大月氏已灭大夏，南徙至妫水南，居大夏之故都，《史记·大宛列传》称："大夏民多，可百余万，其都曰蓝市城。"即监氏城也。《史记》举大月氏之旧地大宛西，故曰："西则大月氏，西南则大夏。"《汉书》举其新都，故曰西至安息，南至罽宾。乃西汉之末时事也。由是言之，大月氏西迁，由伊犁河谷西至费尔干盆地，即古大宛，再西行至撒马尔罕，即萨末鞬，南至巴克特里亚，其行迹甚显然也。

第六章

略述龟兹都城问题

第六章　略述龟兹都城问题

龟兹是古代塔里木盆地诸国中的一个大国，位于天山南麓，当汉通西域的北道线上。魏、晋以后兼有汉时姑墨、温宿、尉头三国之地。领地以今库车为中心，包括轮台、沙雅、新和、拜城、阿克苏、乌什等县，为当时西域五大国之一。

第一节　历史上的龟兹

《汉书》所说的龟兹民族"大率土著"，现在在考古上得到相应的证明：我们在库车哈拉墩发现了紧压在后期文化层之下的新石器时代文化遗存。说明早在新石器时代，龟兹人已定居此土，从事畜牧业和农业，并有简单的手工业。待至汉通西域时，龟兹已发展为城郭之邦，有人口8万多，胜兵2万余。生产水平的发展亦有可观，能铸冶，所产铁器行销西域各地。

龟兹与汉朝的交通始于武帝时，但直接往还则自宣帝时龟兹绛宾王朝始。宣帝地节元年（公元前69年）乌孙公主女过龟兹，龟兹王绛宾留女不遣，即与联姻，汉亦以主女比于宗室，号称公主。元康元年（公元前65年）主女与绛宾俱入朝，倍受宣帝宠爱，赠送甚厚，绛宾亦乐于亲汉。绛宾回国后，史称"乐汉衣服制度……治宫室，作徼道周卫，出入传呼，撞钟鼓，如汉家仪"。可见绛宾已深受汉文化的感染。绛宾死，其子丞德立，自谓汉外孙，仍保持亲密关系，终西汉之世，往来不绝。东汉初，光武"以天下初定未遑外事"，西域诸国自相攻伐兼并。明帝虽一度进取，而章帝仍复退守，"不欲疲敝中国以事夷狄"。

至和帝永元间，方乘匈奴之敝，出兵伊吾，击走匈奴，而班超借之再定西域，西域诸国再度统属于汉。此时西域都护府转设于龟兹，龟兹成为汉朝经营西域的政治中心。魏、晋以后，虽中原多故，但与西域在政治、经济、文化上仍保持了联系。隋、唐继起，中原复归统一，有余力从事于西域，时突厥在其北，吐蕃在其南，不仅西域诸国受到侵陵，中原亦受到威胁。唐朝为了保障西域诸国安全，巩固边防，于贞观十四年（公元640年）灭高昌，显庆二年（公元657年）灭西突厥。西域诸国统属于唐，置安西都护府于龟兹，辖4镇，统16府72州之地。政治势力西达

第六章　略述龟兹都城问题

波斯，两汉之盛，莫与伦比。由上所述，汉、唐两朝皆以龟兹为经营西域的据点，这是由于龟兹居西域之中，土地肥沃，物产丰盈，又适当东西交通之孔道，汉、唐为了控制西域，维护通道安全，不能不以龟兹为依据也。至 10 世纪后，中原扰攘，无暇顾及西域。而吐蕃乘机北上，回鹘继之西迁，契丹人、蒙古人复迭相侵据，直至 18 世纪中叶清平准噶尔，新疆的行政建制同于内地。此时新疆政治中心已转移至北疆伊犁、乌鲁木齐，库车在政治上的重要性，已非昔比了。

龟兹在历史上既占有一定的地位，那么作为龟兹政治、经济、文化中心的龟兹都城问题，在研究龟兹历史上就有其重要意义了。

第二节　龟兹遗址

龟兹都城首见于《汉书·西域传》，称"龟兹国，王治延城"，但未说明位置。《魏书·西域传》称："龟兹国，……白山南一百七十里，都延城。"《魏书·西域传》久佚，后人抄自《北史》作于唐初。《水经注》称"故延城"；《水经注》为北魏郦道元所作，在北魏时称"故"，则当时已不都延城。然则汉代延城在何处？汉以后龟兹又都于何处？下面就此问题略作探讨。

《水经注》卷二《河水篇》："龟兹川水，有二源，西源出北大山南……其水南流径赤沙山……。又出山东南流，枝水左派焉。又东南，水流三分，右二水俱东南流，注北河。东川水出龟兹东北，历赤沙、积黎南流，枝水右出，西南入龟兹城（音屈茨也），故延城矣。……其水又东南流，右会西川枝水，水有二源，俱受西川，东流径龟兹城南，合为一水。"

第六章　略述龟兹都城问题

根据《水经注》所述，龟兹城称故延城，正可理解为汉延城，其位置当在东川枝水右出处。今库车皮朗旧城，即其遗址。试以《水经注》所述东西川水形势，结合我们的实地考察，解说于下：现库车有两大河，西为木扎提河，发源于汗腾格里山东麓，东南流至克孜尔千佛洞，有克孜尔河来汇。克孜尔河发源于库车东北大山，南流于克孜尔山之西，入木扎提河，出雀尔塔格山口库木土拉为渭干河。水分三支，一支左派东南流于库车县城之南，入渭干河，而渭干河本身东南流，分一支水南流于沙雅之西，入塔里木河，而本身折东流于沙雅县北，东流入轮台草湖。按木扎提河即《水经注》之西源，亦即西川水。出山口后之鄂根河即《水经注》西川枝水左派。不过现鄂根河为新河，西川支水之旧河床尚在稍南与渭干河骈比东趋，至轮台而合。然皆流于库车城南，与《水经注》所说径于龟兹城南完全相合。且沿线古城遗址甚多，是西川支水左派北之龟兹城亦即现库车东郊之皮朗旧城矣[①]。

库车东为铜厂河，源于库车北山，南流于克孜尔塔格之东，出雀尔塔格山口苏巴什，分为三支南流：一为叶苏巴什色依，在东，水流不大，灌苏巴什及附近农田即无余水；一为乌恰色依，西南流于库车城东郊，径入龟兹故城，南流入沁色依。沁色依流于

[①] 参考《塔里木盆地考古记》，科学出版社1958年版，第24—27页及附图5。

乌恰色依之西，入库车巴杂，南流与乌恰色依合。乌恰色依河水不大，南流灌胡木利克村农田即止，故入龟兹古城者为一干河床。沁色依流量较长，疑沁色依为新河，乌恰色依为旧河，沿河两岸古迹甚多。叶苏巴什河现虽为干河，但在古时河流较大，中游河床宽达1公里。如以《水经注》东川水的主流是叶苏巴什河，则乌恰河亦即东川水之枝水右出者。因此，乌恰河所经之古城，亦即《水经注》中龟兹城"故延城矣"。现哈拉墩正在乌恰河东岸，乌恰河由北城经行城中出南城；而南海墩、皮朗土拉均分布在乌恰河沿岸，从东川右出枝水所经行的形势说，亦可证明皮朗旧城即《水经注》之龟兹城，亦即《汉书·西域传》所述龟兹王所治之延城矣。

下面再述唐代龟兹都城。《新唐书·西域传》："龟兹……一曰屈兹，(王)姓白氏，居伊逻庐城，北倚阿羯田山，亦曰白山，常有火。"又《通典·边防》，龟兹"王理延城，今名伊逻庐城，都白山之南二百里"；又云："今安西都府所理则龟兹城也。"《通典》是唐杜佑作于8世纪后期，西域诸条根据杜环《经行记》，杜环随高仙芝使西域，一切皆亲历，所言必不虚，所云延城今名伊罗卢城，是唐时龟兹王所居，即汉之延城。盖唐时龟兹王在汉延城遗址上重新修筑，改名伊罗卢城耳。这从考古发掘也得到了相应的证明。1958年，我们在库车东郊皮朗旧城哈拉墩遗址作过一次试掘。哈

第六章 略述龟兹都城问题

拉墩文化层明显地分为早晚两期：早期文化层为新石器时代后期遗存，可能到金石并用时期。出土物有石器、骨器和彩陶片、粗砂红陶，同时也有少许铜件，值得注意的是在陶缸下面的灰土层中，发现一枚汉五铢钱。其时代下限可能推迟到公元前后相当于汉；压在早期文化层上面的是晚期文化层，出土物有成组的大陶缸，以及莲纹铺地花砖、篮纹砖、筒瓦等物，尤其砖的纹饰形制与唐代长安大明宫麟德殿出土的铺地砖大致相同；同出的还有建中钱、中字钱、大历元宝和开元通宝等，可以证明为唐代遗址（关于哈拉墩工作经过及出土遗物详情另见《新疆考古报告》）。

虽然我们发掘面不广，但唐代遗址建立在汉代遗址上面的线索，已经很清楚了。再从城的规模看，《新唐书》未言城的大小。《大唐西域记》称"大都城周十七八里"，虽未指明为伊罗卢城，但说是王都；而《新唐书》云王"居伊逻庐城"，则大城正可理解为伊罗卢城。现就皮朗古城遗址的实地查勘，周约7公里，折合唐里则与《大唐西域记》所记规模出入不大。则皮朗旧城为汉之延城、唐之伊逻庐城得到更进一步之认识。

第三节　龟兹故都

其次再述汉以后、唐以前龟兹都城所在地。《魏书》所记延城在白山南一百七十里;《周书》《隋书》与《魏书》所记相同;《通典》则云都白山南二百里。今皮朗旧城遗址在库车城东郊,北距雀维尔塔格不过20余公里,与《魏书》所记不合,我疑《魏书》所记延城是另一地。由于《水经注》称"故延城",这是因为龟兹在北魏时已不都汉延城,故称"故"。则龟兹新都必在白山南一百七十里。史书作者不辨新旧,往往以新地而沿用旧名,在新疆此例甚多,如鄯善已迁都伊循,但《汉书》仍言其都扜泥城,扜泥城是楼兰旧都;焉耆的员渠城也同此情形。《晋书·四夷传》云:"龟兹国……其城三重,中有佛塔庙千所。"《隋书》云:"都白山之南百七十里……都城方六里,胜兵者数千。"其城郭规模均不同于汉延城,亦足证明是另一地。我们试查库车、沙雅、新和境

第六章　略述龟兹都城问题

内旧城遗址中有三重城墙及位置相当者，即不难确定新都所在。

一为新和县之于什格提，在新和县西偏南18公里，城三重，城墙已毁，但在南部尚有夯土所筑墙的遗迹，高5米，厚5米。城中全为碱地，很少遗物，此次我们只捡到一块彩陶片及很少的红陶片。新和县政府还保存一大陶瓮，据说是城中出土，疑为5世纪前后之物。我写《塔里木盆地考古记》时曾推断此城为《大唐西域记》中之荒城，并由此而推论库木土拉为《大唐西域记》中之昭怙厘。此次又来复查。觉得第一次推论不确。因为旧城在新和县西偏南18公里，库木土拉在新和西北15公里，由旧城到库木土拉山口共33公里，不唯方位不合，距离也不一致。且玄奘路线是由东而西入龟兹境，先过荒城再到大城（都城），现我们已肯定库车皮朗旧城即龟兹都城，则荒城不应在西。且于什格提之西再无大城可当龟兹都城者，因此，我们认为于什格提不是荒城。一说于什格提是龟兹王都，我认为若于什格提为唐以前旧都，当在白山南一百七十里，此则为33公里，偏在西方，位置里数都不合。如为唐都，则又与《新唐书》所云"北倚阿羯田山"不合，且城中不见唐代遗迹、遗物。因此，于什格提只能是龟兹国几大城之一，与克拉马克沁相同，虽为三重城，而不是王都。

另一城为沙雅北英尔默里北10公里羊达克沁大城，城亦为三重。我在1928年前往考察时，城墙已圮。现仅存城基，全为夯土所筑，残高约1米，北墙略存痕迹，大外城周约3351米，内城周约510米，中有高低土阜一线，想为当时建筑物倾圮之堆积，内城与外城中间尚有一城，北墙基址不明显，城中沙堆累累，地面全已盐碱化，检视无一遗物，连陶片亦不可得。本地人传说："此为鞑子城，已二千年了，穆罕默德出世前即已有此城。"言虽无稽，然就此城的构筑特点，应早在3至5世纪。据《魏书》延城在白山南一百七十里，现此城在沙雅北30公里，而沙雅距库车白山110公里，减去至沙雅里数，则此城距白山为80公里，与《魏书》所记延城里数大致相合；又《晋书》说其城三重，中有佛塔庙千所，此城中间一线高地可能为当时塔庙区域。《隋书》说都城方六里，现此城周约3公里余，范围亦大体相当。因此《晋书》《魏书》《周书》《隋书》所记龟兹国都可能即指此城，与《大唐西域记》所记龟兹大城显非一地，彼为唐时新都，此为北魏时旧都也。

至于何时迁至此地，何时又返回库车，我们目前尚无直接证据。但据《水经注》称故延城，则北魏时已不都库车；《晋书》称其城三重，则到晋时已迁都此地；而皮朗旧城中不见魏、晋以后遗物，是必在魏、晋时已他迁了。现查新和沙雅西部古城遗址甚多：从雀尔达格以南直到沙雅附近渭干河沿岸，大小古城和遗址无虑数十，而出土物从汉到唐各代都有。可能这一带在魏、晋以后，是龟兹国的政治中心和经济中心。这些古城经考查可以证明，

第六章　略述龟兹都城问题

是唐代的，均是小城，而城郭均完好。例如通古巴什是其一例；而大城如于什格提、羊达克沁大城均不见唐代遗物城，为土筑而墙壁无存，显然为唐以前者。故龟兹王都迁回库车，可能在隋、唐之际。

龟兹都城由汉时延城到唐时伊逻庐城几经变迁，我们从东西交通路线上亦可得到旁证。西汉时通西域有南北两道，南道起自"鄯善傍南山北，波河西行至莎车"，即由今日的若羌、且末经和田而至莎车；北道起"自车师前王庭傍北山，波河西行至疏勒"，即由今日吐鲁番经焉耆、库车而至喀什。故当时和田居南道之中心，库车居北道之中心。不仅如此，龟兹又当汉通乌孙的枢纽，如常惠自乌孙返，乌孙公主女由长安返乌孙均过龟兹。今库车皮朗旧城，正当这一通道线上。魏、晋以后重开中道，据鱼豢《魏略》，"中道"由玉门关西出，转西北过龙堆，到故楼兰，转西诣龟兹，故楼兰即今罗布泊西北"楼兰故址"。由此至龟兹，必是沿塔里木河西进，转循渭干河而至龟兹。羊达克沁大城适在此一线上。中道至此与北道合，仍沿塔里木河、喀什噶尔河而至疏勒，这是汉通西域捷径。后汉班勇所谓"西当焉耆、龟兹径路"是也。故当时龟兹与疏勒、于阗交往常密，晋释法显往印度取经由乌夷转西南行至于阗，可能经过了龟兹。隋、唐之际，北道复开，贞观初高昌内属，往西域者转取道伊吾，经高昌、焉耆而至龟兹，即玄奘所行之路。从玄奘路过荒城，距北山仅四十里；看来，当时龟兹王都必已复返至库车，是时龟兹北与突厥为邻，东与焉耆接壤，而库车复居北道之冲，东西交往频繁，不久安西都护府亦移至库车。而龟兹都城即皮朗旧城遂又为西域政治经济之中心地。宋、元以后政治中心北移，库车昔时之地位遂失。

以上所述，仅是对龟兹都城问题作一初步探索。俟将来地下有更多的材料出现，我们再作最后的修正或补充。

第七章 焉耆博斯腾湖周围三个古国考

第七章　焉耆博斯腾湖周围三个古国考

第一节　焉耆国都问题

　　焉耆是西域三十六国之一，首见于《汉书·西域传》。法显《佛国记》作乌夷，《大唐西域记》作阿耆尼，皆指古之焉耆。清朝及民国仍名为焉耆县，现属巴音郭楞自治州，州治设库尔勒，县治设喀喇沙尔，但古时国都并不在此。《汉书·西域传》："焉耆国王治员渠城。"《后汉书·西域传》称王居南河城；《后汉纪》作河南城。疑南河城或河南城指城的位置言，或汉人所命名，其本名当仍为员渠城。《魏书》万度归讨焉耆进军向员渠，是在后魏时国都仍名员渠也。问题是焉耆员渠城今在何地。徐松《西域水道记》指四十里城市东之旧城为古员渠城。我在1928年7月曾前往查勘，旧城遗址在四十里城市东约20公里许，位于一草滩中，名博格达沁。城基尚存，周约3公里，似为土坯所砌。城已荒芜，苇草丛生，除间有粉红陶片外，无其他遗物可寻。城西南隅有一大土墩，高丈余，我在土墩上曾拾得开元钱半枚，铜片数块。由遗物及城墙建筑来说，显为唐代遗址。员渠城为汉代遗址，时代不相及，徐松之言似不可据。然则员渠城究在何地耶？解决焉耆都城所在地问题的最好办法莫过于根据遗物；其次当求之地形。试以河流为中心探员渠城之所在。

《水经注·河水篇》叙海都河与员渠城之关系云："……敦薨之水，……二源俱道。西源东流分为二水，左水西南流，出于焉耆之西，径流焉耆之野，屈而东南流，注于敦薨之渚。右水东南流，又分为二，左右焉耆之国，城居四水之中，在河水之洲。治员渠城，西去乌垒四百里，南会两水，同注敦薨之浦。"按《水经注》所叙河流，校以今形，略有变化。按左水疑即今小珠勒都斯河，右水疑即今大裕勒都斯河，两河在山中会流后，出山称为海都河。东流于喀拉沙尔城西，转至城东，又东南流入海，与《水经注》称"右水东南流，分为二水，左右焉耆之国"之语不合。现就实地考察的情况来叙述这一问题。先是我在霍拉山工作时，一蒙古人称河南岸有故城，愿导我往观。乃于1928年6月尾前往，由霍拉山口向北行，经过两道干沟，越一沙岭而至锡科沁大渠。复北行二十分钟即至一沙岭，西北南三面皆大山环峙，中为一平原，沙岭即突起于平原的中部，海都河流行此岭之北，锡科沁大渠经流于此岭之南。有二旧城遗址即建立于沙梁上。一建于岭之西，

第七章 焉耆博斯腾湖周围三个古国考

作矩形，北墙滨干河边，已颓圮。南墙东墙尚存约 1 米多高，南墙长约 113 米，东墙长约 90 米，城内满布石子，不见任何遗物。其东一遗址建在沙岭北麓沿干河南岸，为一横长椭圆形，北墙遗址尚存，长 468 米，中宽 48 米，两头及中间断断续续尚有若干土堆和房址，形成一线，间有红陶片，显然为古人居住聚落。此外在海都河南岸另有一旧城遗址，墙基尚存，基础用石累砌而成，南北长约 121.2 米，东北约 90 米，城中已开垦成熟地。城西南隅有一土墩屹立，城中间有房屋遗址，在此掘出泥塑佛像残件。城之东面另有一围墙，墙高 1 米，南北长约 37.2 米，东西约 84 米，另有墙壁以石为基。两城中陶片皆作红色，与沙岭北遗址中之陶片同。北距海都河约 2.5 公里地，可望及之。与沙岭旧城斜对，相隔约 2.3 公里。北望河北岸旧城历历如画，很显然这些遗址在古代焉耆国历史上必有其重要意义。很遗憾的是我们没有在此作较大规模的发掘。没有地下遗物来作为推断此遗址性质和时代的根据，现仅能就其周围形势作一初步探索。现在沙岭北遗址旁之干河，据本地人说，此干河上自海都河分出，东南流入海，又博罗海有一沙河亦自海都河分出，流于城西转东南流，绕沙岭之西南，下流经锡科沁转西南流至紫泥泉子入海。如此，是海都河自出山口后，分出左右二支水，环绕此城。左水即沙岭北麓之干河，流于城北转东南流者，现查墩渠即为古时水道之标识。右水流于城西，即博罗海之沙河，现锡科沁大渠为古时水道之标识。我在明屋考察时，发现明屋旁有一旧河道，据说即博罗海之沙河由锡科沁西南流至紫泥泉子入海者也。是两河至锡科沁已合为一河，经明屋西南流入海。此河沿岸遗址如锡科沁旧城及明屋佛寺皆其较巨者。现左右二水均竭，只存海都河本支东流入海矣。由这河流的形势及遗址位置，与《水经注》所云"城居四水之中，在河水之洲"情形完全相合，可能即是古员渠城遗址。当然就现有遗址来说是很零碎，断断续续不能得出古城的全部面貌。但时期距今两千年，河流迁徙冲刷，加以人为的挖渠掘土，古城建筑遭受破坏，事实上不会有一完整古城如高昌旧城也。

除此城外，在河北岸尚有一古城。距河岸约2公里，有内外两城；外城周1140米，内城周360米。城墙只余基址，高1米左右，城内外为水冲刷，地面布满小石块，街衢巷陌已不可见，间有红陶片，与曲惠及阿拉癸沟中相同。时代当较早，本地人名城为唐王城，可能至唐代尚存在也。城北2.5公里处有土阜四处，疑为古代房屋或庙宇遗址，吾人掘其土阜之一，发现残佛像，盖亦废寺也。此城与河南岸旧城遥遥相对，相距不过5公里，疑同属于焉耆国都。《后汉书·西域传》称其王居南河城，有海水出入四山之内，周围其城三十余里。《新唐书·西域传》"焉耆"条："焉耆所都周三十里，四面大山，海水缭其外。"如焉耆国都范围为三十里，当不是指一城，而是包括海都河南北两岸所有遗址而言。如所推论不误，是焉耆占据博斯腾湖西北平原上，适与《通典·西戎传》所谓斗绝一隅者是也。

第二节　尉犁、危须国都问题

其次再谈尉犁、危须国都所在地问题。如《大唐西域记》所云，焉耆东西六百里，南北四百里，当指以兼并尉犁、危须二国而言。在汉时尉犁、危须各自有国，据《汉书·西域传》云"（焉耆）南至尉犁百里"，是尉犁在焉耆之南。又"危须"条云西至焉耆百里，是危须在焉耆之东。

先谈危须。仍引《水经注》所叙敦薨水校以今形势，来说明古危须国位置。《水经注·河水篇》云："……敦薨之水，……二源俱导。……东源东南流分为二水，涧澜双引，洪湍浚发，俱东南流，径出焉耆之东，导于危须国西。国治危须城，西去焉耆百里。又东南流注于敦薨之薮。……东北隔大山与车师接。"董祐诚《水经注图说残稿》称："今哈布齐垓河东南流，当喀拉沙尔东北，分为二水，合海都河。"董祐诚以现哈布齐垓河当东源是也。但分为

第七章 焉耆博斯腾湖周围三个古国考

二水均入海都河与我所考察者微有出入。当我由哈拉木登往游巴龙台（巴龙台为蒙古喇嘛教圣地），于7月11日发自哈拉木登，向北行约30公里，驻哈布齐垓山口，有哈布齐垓水自山口流出。12日沿哈布齐垓河北行，约35公里抵巴龙台后沟驻焉。此地为三水总汇之区。盖哈布齐垓有三源，东源为巴龙台水，亦称巴龙哈布齐垓水，蒙古寺庙及王府建于此水之旁；西源为乃任哈布齐垓水，"乃任"蒙古语"西"也；正源为乌拉斯太水，出自大山，南流至巴龙台，三水会合南流。出沟口后分为二支，一支东流经何腾苏木地至六十户入海。

当我由吐鲁番赴焉耆途中，路过清水河之西约10公里，有水积为小海子，本地人修二桥以渡行人，即其东支也。不过在秋冬水小，仅能灌地，无余水入海。一支东南流。在喀拉沙尔附近入海都河，与《水经注》二水俱入湖之情形略异。但以哈布齐垓水为《水经注》中敦薨水之东源，则无可疑。如然，则现清水河为两国分界线，以东属危须国地，以西属焉耆国地也。再征之遗址，在曲惠西北0.25公里许，有古城遗址。墙基犹存，东西98米，南北75.5米，墙高3.3米。城为红土所筑，顶为土坯所砌。城中红泥陶片甚多，且有红底黑花之彩陶片，并曾觅得小铜片及铁块，亦不见其他遗物。然就红陶片来说，当为公元前后遗物，疑即汉时危须国都城所在地。除此城外，再无其他遗址可以相当。在北魏时称为左回，《魏书·西域传》云，太平真君七年，诏万度归讨焉耆，度归"入焉耆东界，击其边守左回、尉犁二城拔之，进军向员渠"。左回即曲惠，为一声之转。万度归由东来，先至左回城，时危须已并入焉耆为左回县，故万度归据之。如然，是危须在焉耆之东，据博斯腾淖尔东北面平原。但《汉书》称危须西至焉耆百里，现由曲惠至哈拉木登约二百里，所记里数不合。但如由六十户即哈布齐垓河（敦薨水东源）南入海处起算，则距离约略相当，但此一带无古迹。疑《汉书》所称之百里，指达其国境所言也。

其次再谈尉犁国地。古代尉犁国究在何地？是一哑谜。《水经注图说残稿》称："尉犁正当今布古尔地。"民国年初在库尔勒南设尉犁县，皆以尉犁在库鲁克山和天山之南，均与汉时尉犁位置不符。现仍根据《水经注》来探讨。《水经注·河水篇》云："敦薨之水自西海径尉犁国，国治尉犁城，西去都护治所三百里，北去焉耆百里。其水又西出沙山铁关谷，又西南流径连城别注，裂以为田。"据《水经注》所云，校以今形势，是尉犁在湖之西，沙山之北。现海都河自入博斯腾湖后，复由湖西南隅溢出为孔雀河，西流至哈满沟入库鲁克山即沙山，转南流经铁门关出山口，流于库尔勒之西，复转东南流，折东流为库鲁克河，入罗布泊。《水经注》叙敦薨水"自西海径尉犁国，国治尉犁城"，西海当即指由西海溢出之孔雀河。是尉犁城应在由博斯腾湖溢出西流之孔雀河水以北，即紫泥泉子一带。沙山即今库鲁克山；铁关谷即铁门关，因山中出煤出铁，旧设有铁厂，故有铁门关之称。再征之历史，《晋书·张轨传》称，张骏疆理西域，以张植为前锋，败（龙）熙于贲仑城，进屯铁门关。未至，熙要之于遮留谷，植击败之，进据尉犁。贲仑城当即库尔勒附近之旧城。遮留谷当即哈满沟中之狭谷。铁门关疑即沟之狭口处，现称为铁关口，竖立一牌坊，上书"古铁门关"四字。是张植自南来，故先败熙于哈满沟，再进至尉犁。是尉犁在哈满沟以北也。然则尉犁今在何地？试再征之古迹。

我由哈拉木登考查完后，返四十里城市驻处。7月初，本地以拾金子为业之猎户那卡，愿导我往观附近之遗址。由此地往南偏西有大道至库尔勒，沿大道南行约二三公里之地，即遍地沙丘，上生红柳。在这红柳冢中时现红土阜及泥滩，滩上满布古陶片。土阜有用土块累成，本地人称为炮台，实即古烽墩之倾圮者；亦有露出墙壁者，必为古代房屋之遗址，均与沙阜及红柳冢相间杂。自此地往南至紫泥泉子，西至明屋，东至盐池，东北至白土墩子，即海边周约15公里皆为此种沙阜及土堆所散布。本地人每于大风后即往红泥滩上拾金子及古铜件，多有所获。我等来此亦随手拾碎铜片、古钱、蛤贝、石矢镞、残瓦鬲、红陶片等。陶片色红而粗厚，石矢镞打制颇细，与罗布泊北岸所拾者同。瓦鬲仅得一足。

由于这些遗物出现，可断定此地确为公元前后之遗址。或在新石器时代末期此地已有居民。又在沙丘之旁，时露出磨石残块，及汉"大泉五十"与唐"开元通宝"，是此地自汉至唐代均有居民。

由于陶器及磨石出现，及紫泥泉子尚存旧渠道及阡陌遗迹，可证此地古时又为垦殖区。在此址之南偏东约5公里，地名土子诺克，发掘一古坟，死者埋葬于一宽长之土垣中，并无棺椁，与罗布泊北岸墓葬形式相同。吾人在死者身旁发现铜镜一、帽饰一及陶器等，皆为公元前后之故物。此遗址邻于盐池之旁。由此往东南，地势低洼，形成一小海子，在湖之西，现已干涸。疑即《水经注》中所称之西海，在古时此海与东海相联。在盐池西北面有土墩七座，皆用土坯所砌，现已倾圮，然本地人仍在此一带拾金子及碎铜片等。这些遗址均在盐池以西，紫泥泉子以北，虽然零星散漫，没有有规模的古城或建筑物；但由其区域之大，散布之广，必为古时一国之重要聚住区。然则属于何国？徐松等据四十里城市之旧城，定为焉耆之员渠城。我当初也曾一度同意其说。后在盐池发掘时，于附近发现一小海子，证明博斯腾湖古为东西两海。现西海已涸，东海且向北移，当然这是海都河改道的原故。所以根据《水经注》，西海近尉犁国，国治尉犁城之语，及历史事实，可假定盐池以西紫泥泉子以北之广大遗址群为古尉犁国也。一者《汉书·西域传》称尉犁在焉耆之南百里。如以哈拉木

第七章　焉耆博斯腾湖周围三个古国考

登为焉耆之员渠城，则四十里城市适在其南，距离亦略相当。二者据《三国志·魏志》注，尉犁在三国时已并入焉耆。北魏太平真君时万度归讨焉耆先据左回、尉犁二城，进围员渠。则左回即曲惠，左回在东，尉犁在南，而员渠在西，故万度归采取了包围的战略。三者如以四十里城市东之遗址当焉耆员渠城，则尉犁势必推之库鲁克山以南，今库尔勒一带。当然库尔勒附近是有二古城，如狭尔乱旦旧城、玉子千旧城，但不能证明为古尉犁城，或许是熙被植所败之赍仑城，故以尉犁在山南，是与当时情形不合，且亦与历史事实不符。故不采徐松之说而另行推定。当然真确判断，必须有待于考古学上之发现，以及地下遗物之印证，吾人今日所论者不过一比较合理之假定而已。

以上是专就汉、魏、南北朝情形作研究，隋、唐以后如何，我想提出几点矛盾，来作研究这一问题的线索。

国都大小问题。《魏书·西域传》云："焉耆国在车师南，都员渠城，……都城方二里，国内凡有九城。国小人贫……"《周书》《隋书》焉耆传均与《魏书》同。《魏书》虽为魏收所作，但多散遗，后人采《北史》补之。但《北史》亦为唐初所作，所引用者必为旧材料，仍然可信。但《大唐西域记》称："(焉耆)国大，都城周六七里。西面据山，道险易守。泉流交带，引水为田……"《大唐西域记》根据玄奘亲历而作，所言当不谬。然则一称国小都城方二里，一说国大都城周六七里，究竟谁是？据慧琳《一切经音义》所云："阿耆尼国……汉时楼兰、鄯善、危须、尉犁等城皆此地也。或迁都改邑，或居此城，或随主立名，或互相吞灭，故有多名。皆相邻近，今或丘墟。"（卷八十二）按慧琳为疏勒国人，称本土形势当有所据。唯将楼兰、鄯善亦并于焉耆，恐误。《通典·边防》"西戎"条云："（焉耆）今其王龙姓，即突骑之后，尽并有汉时尉犁、危须、山国三国之地，并鄯善之北界矣。"（卷一九二）是在唐初除尉犁、危须早已并入焉耆外，又并有墨山国，而与鄯善接壤矣。疆域既扩大，则国都势必需要建立在适中之地以便控制全境，不可能仍居斗绝一隅之员渠城也。

今以焉耆至龟兹之距离论证，据《汉书·西域传》，龟兹至乌垒三百五十里，焉耆至乌垒四百里，《水经注》所云亦同。是焉耆至龟兹七百五十里，若由尉犁至龟兹，当为六百五十里。按《汉书·西域传》"渠犁"条："东通尉犁六百五十里。"此条自武帝初通西域以后，均言龟兹事，当为"龟兹"条原文；后人移至"渠犁"条内。若然，则龟兹东通尉犁六百五十里，与"焉耆"、"龟兹"各条均合。再以唐人记焉耆至龟兹里数来说，《新唐书》云："由焉耆西五十里过铁门关，……又百二十里至安西都护府，共六百三十里。"又慧琳《一切经音义》云："焉耆即安西四镇之中是其一镇；西去安西七百里。"根据此两则，虽所谈距离有差异，但

第七章　焉耆博斯腾湖周围三个古国考

已不是汉员渠到龟兹里数，而与尉犁到龟兹里数相接近，则唐时焉耆国都必已向南移至汉尉犁国境内。或今四十里城市东 2.5 公里之旧城，为唐时焉耆国之都城也。现由库车至四十里城市为 311 公里，合 622 里，与唐贾耽所记里数仅差 8 里，则以四十里城市东之旧城为唐时国都，谅无不合。现四十里旧城周约 3 公里，与《大唐西域记》所记相合，且有开元钱，亦可证明其为重城也。但《大唐西域记》称"从此西南行二百余里，逾一小山，越二大河，西得平川，行七百余里至屈支国"，是从焉耆到屈支有九百里。但玄奘此记不甚清楚，二百余里到何处，西行平川七百里自何处开始，颇为模糊。渡二大河是哪两河，颇觉费猜。如丁谦所云以苦水河为界，则到库车不过四百余里，也不是大河。我想渡二大河必是指古之海都河及铜厂河。海都河出山后向西流于库尔勒之西，至渠犁之西即今库尔楚之南折东南流入塔里木河。铜厂河与渭干河会合后，东流至乌垒城里（今策特尔南），东南流入塔里木河，如渡最后一道河处，当在乌垒之西，即今策特尔南。据《汉书·西域传》由乌垒到龟兹也只三百五十里，就如徐松所云：以三字为五字之讹，改为五百五十里，仍没有七百里。因此我疑《大唐西域记》之七百里，乃指焉耆至龟兹之总数，或七字为五字之讹，不然决不至相差如此之大也。

第八章 高昌史事略

第八章　高昌史事略

高昌史事见于载记者以《史记》为始。《史记·大宛列传》云："楼兰、姑师邑有城郭临盐泽。"又云："楼兰、姑师小国耳，当空道，攻劫汉使王恢等尤甚。"又云："遣从骠侯破奴，将属国骑，及郡兵数万，至匈河水，欲以击胡，胡皆去。其明年（元封三年），击姑师，破奴与轻骑七百余先至，虏楼兰王，遂破姑师。"云云。按徐广云："姑师即车师也。"《汉书·西域传》云："及破姑师未尽殄，分以为车师前后王，及山北六国。"旧时姑师，奄有车师前后王，及且弥、卑陆、蒲类等地。故《汉书·西域传》有车师，而不名姑师。与汉朝交涉最繁者，亦为车师。故述高昌史，以车师为始。下及高昌、西州、回鹘，至吐鲁番为止，为高昌史记略。

第一节　车师王有国时期

车师王分前后王庭，前王庭治交河城，今吐鲁番之西，雅尔崖地。后王庭治务涂谷，在今博格达小山谷中，或以今济木萨北25公里之古城即是，但无确据。后庭邻接匈奴，而前庭当汉北道之冲，因此汉与匈奴，尝争车师。自武帝元封三年（公元前108年），赵破奴破姑师后，未能占有其地。及天汉二年（公元前99年），因匈奴降者开陵侯将楼兰国兵，始击车师，不利。征和四年（公元前89年），复遣重合侯马通，将四万骑击匈奴，道过车师北。又遣开陵侯将楼兰、尉犁、危须六国兵，共围车师，车师王始服属汉。然车师以逼近匈奴之故，与汉时绝时通（宣帝时以本始二年通，车师王乌贵时绝，地节二年又通）。元康二年（公元前64年），匈奴又争车师，元康四年，以车师故地与匈奴，徙车师国民令居渠犁。汉、匈车师之争初告一段落。及宣帝神爵二年（公元前60年），匈奴日逐王降汉，罢僮仆都尉，汉始以郑吉为都护（汉以郑吉为都护，《汉书·百官公卿表》作地节二年，《传赞》同《帝纪》作神爵二年，《汉书·西域传》作神爵三年。按吉封侯在神爵三年，置都护当在神爵二年，《帝纪》是也。《通鉴目录》亦作神爵二年，《百官公卿表》及《传赞》误也），治乌垒城，兼护北道，车师遂完全为汉所有矣。元帝初元元年（公元前48年），复置戊己校尉，屯田车师故地。及平帝时，王莽秉政，西域诸国多叛。元始二年（公元2年），车师后王姑句，及婼羌王唐兜，亡降匈奴。王莽篡位，贬易诸侯王。始建国二年（公元10年），车师后王须置离欲亡降匈奴，戊己校尉刁护械致都护但钦所斩之，其兄狐兰支举国亡入匈奴，与匈奴共寇车师，杀后城长，伤都护司马。是岁史陈良、终带亦叛，杀校尉刁护，亡降匈奴。虽一度莽与匈奴和亲，未几，因莽欺单于，匈奴大击北边，西域瓦解。始建国五年（公元13年），焉耆复叛，杀都护但钦。虽天凤二年（公元15年），遣五威将出兵西域，又为西域所败。莽死，西域遂绝。

综记前汉时，自武帝天汉二年（公元前99年），与匈奴争车师起，至宣帝神爵元年（公元前61年）止，历四十年间，车师与汉时离时合。及神爵二年，郑吉为都护，兼护北道，车师遂内属，至王莽始建国二年（公元10年），车师始叛，盖内属已七十年矣。

神秘的西域

后汉之初，西域诸国复求内属，光武以天下初定，未遑远事，西域诸国，亦自相攻伐，无有宁岁。永平中，北匈奴复挟持西域诸国，共扰河西郡县，城门昼闭。永平十六年（公元73年），明帝乃命窦固等北征匈奴，取伊吾卢地。而班超复籍以服鄯善，降于阗，西域自绝六十五载，至是复通。其明年（永平十七年），窦固、耿秉击破白山，降车师前后王，复置西域都护、戊己校尉，车师与西域诸国遂内属。及明帝死，车师屡叛，章帝乃召还戊己校尉，车师复绝。和帝永元元年（公元89年），大将军窦宪大破匈奴。二年，宪、固遣副校尉阎槃将三千余骑击伊吾，破之。三年，班超遂定西域。因之超为都尉，居龟兹。复置戊己校尉，领兵五百人居车师前部高昌壁。又置戊部候居车师后部候城。是时班超复击破焉耆，于是西域五十余国悉附汉。及安帝永初元年（公元107年），西域复叛，车师与匈奴屡扰河西，后汉不能禁，议者因欲闭玉门关以自守。延光中，安帝纳陈忠之议，以班勇为西域长史，西屯柳中，勇遂破平车师，斩其后王军就，西域复通。自建武至于延光，西域三绝三通。永建二年（公元127年）勇复击降焉耆，于是龟兹、疏勒、于阗、莎车等七国，皆来服从。自阳嘉以后，朝政衰败，西域诸国转相陵伐。桓帝永兴元年（公元153年），车师后王阿罗多，围攻汉屯田且固城，杀伤吏士，亡走匈奴。敦煌太守宋亮，立军就质子卑君为后部王。阿罗多复与卑君争国。戊己校尉阎详虑其招引匈奴，复立阿罗多。徙卑君于敦煌，以后部人三百帐，别役属之。车师自此渐以疏慢矣。

后汉自明帝永平十六年，至桓帝永兴元年，计八十余年，西域时绝时通，均以车师为争夺之中心。自此以后，朝政益败，宦官弄权，至献帝之末，汉乃灭亡，其间益无暇顾及西域。

魏时赐其王壹多离，守魏侍中，号大都尉。晋初置高昌郡，设太守以统之。而车师王居交河城如故也（《通典》称以交河城为高昌郡误，当从《北史》）。前凉张轨、后凉吕光及沮渠蒙逊等割据河西时，皆置高昌太守。其车师自为王如故。后魏太平真君三年（公元442年），沮渠无讳西走鄯善，据有高昌，奉表于宋文帝，拜为西夷校尉、凉州刺史、河西王。高昌有王，自此始。真君五年（公元444年），无讳死，安周代立。十一年（公元450年），安周破车师，车师王车伊洛收遗民奔焉耆（宋文帝元嘉二十七年，公元450年），车师国自是亡。

车师自汉武帝元封三年（公元前108年）始见《史记》，至后魏太平真君十一年，计550余年，国始灭亡，可谓久矣。

第二节　高昌王麴氏有国时期

在麴氏有国以前，初称高昌王者，为阚伯周。时沮渠氏虽据有高昌，而柔然、高车逼邻东北，时受侵扰。魏和平元年（公元460年），沮渠氏为柔然所并。柔然立阚伯周为高昌王。太和初，伯周死，子义成立，为从兄首归所杀。太和五年（公元481年），高车王可至罗复杀首归，以敦煌人张孟明为王。国人杀之，立马儒为王。巩顾礼、麴嘉为左右长史。太和二十一年（公元497年），马儒表求内徙，国人不欲，又杀儒，而立麴嘉。为麴氏王高昌之始。至唐贞观十四年（公元640年），太宗遣侯君集灭高昌，始亡，享国一百四十余年。据《北史·高昌传》，麴嘉为金城郡榆中人，金城即今之兰州。又其百姓，亦多来自内郡，其立国垂一百四十余年之久，不可谓非为中国历史上值得留意之事。惜史载残缺，语焉不详。近数十年，考古事业兴起，据实物以补历史。

第八章 高昌史事略

而高昌麹氏，由于考古的发现，麹氏有国之纪年，差可纪矣。

在清光绪年间，日人考古吐鲁番，觅获墓志数方，有延昌、延和、延寿诸志，我国罗振玉氏，据以作《高昌麹氏年表》，然其年号尚不全。我于1930年春，至吐鲁番考古，在广安城西10公里，雅尔崖古城工作完后，即在古城西土原上，发现古冢约百余。每冢均有墓志一方或两方不等。其墓志之多寡，以墓中死者之多寡为比例，然至多不过三方，盖一夫一妻或兼妾也。墓志皆烧砖质，作方形，上书死者姓名官职，及死葬年月与葬地。共得120余方。或为朱书，或为墨书，或刻字填朱，均在每冢墓道两壁嵌砌，纳入墓中者甚少。由墓志上所书之年号，除其重复，得重光、章和、永平、和平、建昌、延昌、延和、义和、延寿九号。余本之作《高昌国麹氏纪年》及《高昌国官制表》（两文均载《高昌砖集》〔增订本〕，中国科学院1951年印行）。先是罗振玉氏，本日本人所获延昌、延和、延寿三号，作《高昌麹氏年表》刊于《辽居杂著》中，以后虽有更正，然所得之年号，亦只建昌、延昌、延和、延寿四号而已。由于我所得墓砖有九建号，方知延昌之前，除建昌外，复有重光、章和、永平、和平；延和之后，有义和，罗氏复据以改补《高昌麹氏年表》。我根据所获墓砖结合文献编有《高昌国麹氏纪年》，与罗氏表颇有出入。

第三节 唐代西州时期

唐贞观十四年（公元640年），太宗命侯君集讨平高昌，下其二十二城，获户八千，列其地为西州。置县五：高昌（天宝元年改为前庭县）、柳中、交河、天山、蒲昌，并置安西都护府以统之。高宗显庆三年（公元658年），改置都督府，徙都护于龟兹，开元中曰金山都督府。开元二年（公元714年），复置天山军。天宝元年（公元742年）复为西州。德宗贞元七年（公元791年），没于吐蕃。计属唐一百五十余年。虽唐史称大中四年，张义潮逐吐蕃守者，自摄州事（沙州）五年，遣使入朝，献瓜、沙、伊、肃、鄯、甘、河、西、兰、岷、廓11州，籍内有西州。然吐蕃首领尚恐热势力尚存。及懿宗咸通七年（公元866年），回鹘首领仆固俊自北庭取西州，而西州遂为回鹘所有。自贞元七年至咸通七年，属吐蕃又七十余年矣。

第八章　高昌史事略

第四节　回鹘统治时期

自唐咸通中，西州为回鹘所据，唐朝势力衰微，中原扰攘，无力顾及西域。《宋史》记建隆、乾德、太平兴国，并遣使来朝贡献。宋太宗遣王延德使高昌，记其师子王避暑北庭事。是宋初仍为回鹘所占领，称为西州回鹘。邵远平《续弘简录》云："亦都护者，高昌国主号也，先世居畏兀儿之地，传十三余君，至玉伦的斤，颇雄武，数与唐相攻战。玉伦的斤卒，灾异累见，民弗安居，传数世，迁于交州，统别失八里之地，至巴而术阿而忒的斤，臣事契丹，为其属国。岁己巳（公元1209年，宋宁宗嘉定二年），闻太祖兴朔方，遂杀契丹所置监国官，来附。"此事与波斯史家所记相同，又《元史·巴而术阿而忒的斤传》亦与此同。是南宋时，高昌又为畏兀儿所有，然畏兀儿与回鹘是一是二，其说不一。有谓回鹘与畏兀儿乃音译之异，详俟再考。

畏兀儿自巴而术阿而忒的斤附元太祖后，从太祖四出征伐，颇为尽力。阿尔忒的斤卒，玉古伦赤的斤嗣。卒，马木剌的斤嗣，从宪宗伐宋。卒，至元三年（公元1266年），世祖命火赤哈儿的斤嗣为亦都护。海都帖木儿之乱，畏兀儿民解散，次复辑。至元十二年（公元1275年），都哇、卜思巴等围火州，亦都护徙其民于哈密力，后为北方军所败。元仁宗时，封火赤哈儿之子，纽林的斤为高昌王，尚公主，还火州，复立畏兀儿城池，别以金印赐之，设王傅之官。王印行诸内郡，亦都护印行诸畏兀儿之境，自是称亦都护高昌王。延祐五年（公元1318年）卒，子帖木儿补化嗣。文宗天历二年（公元1329年），其弟籛吉嗣为亦都护高昌王。元末分为柳城、火州、吐鲁番三部，皆设万户府达鲁花赤。明初仍旧称万户。正统中，并于吐鲁番。其首领居安乐城，自称速檀。

高昌自唐咸通七年（公元866年）入回鹘后，至宋宁宗嘉定三年（公元1210年），巴而术阿而忒的斤附元太祖，共340余年。由阿而忒的斤附元改为畏兀儿国，至正统十三年（公元1448年）为吐鲁番速檀所并，又239年。如畏兀儿即回鹘，可谓享国之最久者也。

第八章 高昌史事略

第五节 吐鲁番时期

按据《续文献通考》云："初吐鲁番介于阗、巴什伯里诸大国间，势甚微弱，其后侵掠火州、柳城，皆为所并，国日强。其酋额默勒和卓，遂僭称王。成化五年，其酋阿里，自称苏勒坦。弘治十七年，阿哈玛特死，长子玛克苏尔嗣。至二十四年，玛克苏尔死，长子沙嗣为苏勒坦，其弟玛哈穆特亦称苏勒坦，分据哈密。隆庆四年，玛哈穆特嗣兄职，自神宗万历后，遂无闻。清初服属准噶尔。乾隆二十四年，平准噶尔，遂内属，设辟展办事大臣统治之。"自成化五年（公元1469年）额默勒和卓称王起，至乾隆二十四年（公元1759年）止，速檀据有吐鲁番，计288年。

第六节　高昌疆域郡城考

欲研究高昌疆域郡城,在未发现新材料以前,只有根据我国古史的记载。但当时西域与内地时绝时通,且其疆域郡城亦时有伸缩增减,故古史记载亦不一致。此次赴新考查,留意地形与古址之分布,现结合古史所记,特为之疏叙考订于下。

(一) 疆域

诸史志言高昌疆域率不一致。《魏书·高昌传》云:"东西二千里,南北五百里。"《北史》作"东西二百里,南北五百里"。《周书》《隋书》及《太平寰宇记》均作"东西三百里,南北五百里"。《新唐书·高昌传》作"横八百里,纵五百里"。《元和郡县志》作"东西八百九十五里,南北四百八十里"。其里数互歧。

第八章 高昌史事略

兹先就东西界域言之。按《魏书》作东西二千里，《北史》作东西二百里，其长短相差为一与十之比。《北史》记载多因沿《魏书》，而何以独此相差特甚？丁谦《魏书高昌传考证》谓焉耆时为高昌所并，此盖兼指焉耆之面积言。按《新唐书·高昌传》，焉耆横六百里，再加高昌之横八百里，共计一千四百里，亦不足两千之数。疑《魏书》二千乃二百之讹。盖高昌初立，东西疆域本甚短促也。至麴氏有国以后，渐次扩充，疆域日广，故东西至三百里。《周书》《隋书》及《太平寰宇记》均作东西三百里者此也。试证之地形以明其然。唐彦悰《三藏法师传》云："（法师）为高昌所请……遂行，涉南碛，经六日，至高昌界白力城。"按白力疑即《魏书》中之白棘，《魏书·高昌传》云："（马儒）复遣顾礼迎安保。至白棘城，去高昌百六十里。"是白棘城为高昌东境之地。《通典·边防志》"高昌"条云，唐平高昌，以"始昌城为天山县"；《元和郡县志》云"天山东至州一百五十里"，则始昌城为高昌西境之城。今合计东西两边城之距离为三百一十里，故《周书》《隋书》均云"三百里"，举成数也。《通典》及《新唐书》作"横八百里"，《元和郡县志》作"东西八百九十五里"，较周、隋时扩大一倍有半，盖周、隋之三百里指东西边地之城镇言，《唐书》《通典》兼举东西边外之荒地言也。试以地理证之。按《新唐书·地理志》云："自州西南有南平、安昌两城，百二十里至天山西南入谷，经磴石碛，二百二十里至银山碛，又四十里至焉耆界。"是由西州西南至焉耆界为三百八十里，自天山而西皆为石碛，即今库木什一带之荒山，毫无居民之处也。又据王延德《使高昌记》："（延德）……至鬼谷口避风驿，凡八日至泽田寺，高昌闻使至，遣人来迎次宝庄，又历六种乃至高昌。"按所云"六种"即柳中，为今鲁克沁地，宝庄疑即白棘城。则泽田寺当在白棘城之西。又据《新唐书·地理志》纳职下云："（自县西）三百九十里有罗护守捉，又西南经达匪草堆，百九十里至赤亭守捉与伊西路合。"赤亭、泽田当为一地之转音，《新疆图志》谓齐克腾木之对音近是。根据我实地考查，齐克腾木南5公里有古庙及古房，疑即古泽田寺赤亭守捉之遗址。若然则齐克腾木为高昌东境置卡伦之处，故高昌遣使迎延德至此。罗护守捉或为伊吾西境置卡伦之处。现以道里计之，由三堡至鄯善65公里，由鄯善至齐克腾木45公里，故由西州至赤亭为110公里。再西接伊吾西境之荒地，共95公里，合计205公里。而由齐克腾木以西又皆为沙碛之地，今合计东西两境里数共395公里。所以我认为《通典》《新唐书》所云之东西八百里之数，兼包东西边外之荒地而言。

次述南北界域。诸史志所言南北里数，大抵相同，或无可议。然其界域若何，次当论及。

先言南界。《通典·州郡志》交河郡下云："南至三百五十里过荒山千余里至吐蕃界。"《元和郡县志》称:"西州南至楼兰国一千二百里并沙碛难行。"按楼兰国为汉代古名,即今罗布泊及若羌一带。据《新唐书·西域传》云,晋永嘉时吐谷浑人兼有鄯善、且末诸地,至唐龙朔三年为吐蕃所灭。故《通典》云吐蕃者,指唐时的吐蕃族而言。《元和郡县志》云楼兰者,指古国名言。若高昌有国时,则南界当为吐谷浑。《通典》之荒山,即今库鲁克塔格,译言"童山"。过库鲁克塔格,即为罗布沙漠。故《元和郡县志》云:"沙碛难行。"过罗布沙漠方至若羌,即古楼兰或鄯善地。唐时鄯善为吐蕃所据。故唐时西州与吐蕃分界处,揆其形势,大抵荒山以南属吐蕃,荒山以北属西州。是《通典》云,南至三百五十里之数,疑即为高昌南界之里数也。现由三堡至库鲁克塔格南麓亦须六日程,与《通典》所记亦相当。

次言北境。据《通典·州郡志》交河郡下云:"北至北庭都护府四百五十里。"《元和郡县志》云:"北至北庭五百里。"按《新唐书·地理志》交河下云:"自县北八十里有龙泉馆,又北入谷百三十里,经柳谷,渡金沙岭,百六十里,经石会汉戍,至北庭都护府城。"是由交河县至北庭里数为三百七十里。又《元和郡县志》云:"交河东南至州八十里。"由西州至北庭合为四百五十里,与《通典·州郡志》所记四百五十里之数相合。但西州与北庭分界处何若,史志均不详,然北庭与西州有一天然界线为天山,即《新唐书·地理志》之金沙岭，亦称金山。所以我疑金山以南为西州，金山以北为北庭。若如此，则由西州过金沙岭准《新唐书·地理志》及《元和郡县志》所记为二百九十里，合南境之数共六百四十里，与诸史所记高昌南北里数不符。盖北庭在西州西北，故此路曲，向西北行其道路亦较长也。又《魏书》《北史·高昌传》云："北有赤石山，山北七十里有贪汗山，夏有积雪，此山北，铁勒界也。"按赤石山即胜金口、连木沁一带之红山，亦称克子尔塔格，南距高昌不过15公里。《元和郡县志》称："天山，亦名折罗漫山，在高昌县北三十里。"按此处天山即《魏书》之赤石山；今红山也。再北35公里即雪山根，《魏书》所谓贪汗山也。是由高昌抵雪山不过50公里。按之地图，即由经42°50′至43°20′；亦约计50公里。连南境共计225公里，合450里，较诸史所记绌50里。但此就抵雪山南根言，若过雪山北至铁勒界，当亦不止百里。铁勒在高昌之北，故诸史所记南北之里数皆本于高昌有国时北界铁勒之里数。

（二）郡城

诸史志言高昌郡城数目既殊，而名称亦杂，致读者莫能辨其原委。《魏书·高昌传》国有八城，《周书·高昌传》作十六城，

《隋书》作十八城，《新唐书》作二十二城。罗叔言（罗振玉）《高昌麹氏年表》云："《魏书》之八城本是十八城，夺去十字；《周书》之十六城，六字乃八字传写之讹也。"按城之多寡乃因户口之繁殖随时增损，并非字讹。例如《汉书》之车师前国户七百，口六千五十。及北魏之末，以至隋、唐，疆域日扩，户口逐渐增加。《旧唐书·地理志》称西州旧领县五，户六千四百六十六，至天宝户为九千一十六，口四万九千四百七十六。唐平高昌时，户为八千四十六，口二万七千七百三，而《元和郡县志》称开元时户一万一千六百四十七。所以城镇的增加与户口的增加成正比例。《通志·四夷传》云"高昌国周时有一十六城，隋乃增其二"，可以说明这种情况。但《通典》则作有城三十二，较隋时多出十四城。以开元户籍与隋时户籍相较，几为一与二之比，则唐增至三十二城亦有可能。又《新唐书》作三州五县，而《旧唐书》《通典》作三郡五县，一作州，一作郡。按作郡者乃高昌旧名，唐平高昌，郡改为县。我此次所得高昌墓志，凡在高昌有国时代皆云交河郡，凡在唐代皆云交河县，可以为证。盖作州者乃唐平高昌后所置，高昌时无州之名称，且云三州不知何指。今以意度之，盖谓西州、庭州、伊州三州。但唐以高昌国为西州与庭州、伊州无涉，且下云五县又仅限西州，《新唐书》之疵谬多类此。又《通典》称国内有城十八，置四十六镇。《南史·高昌传》不言国中城数，而曰置四十六镇，交河、田地、高宁、临川、横截、柳婆、洿林、新兴、宁由、始昌、笃进、白刃等镇。交河、田地为郡城，亦称为镇，盖合大小城市而言。盖当时有城者，虽有城之名，而实无城，不过为一街市者，故皆以镇名之，并非除十八城之外另有四十六镇也。唐平高昌置西州都督府，以原有之五大城仍立五县，以交河城为交河县，始昌城为天山县，田地城为柳中县，东镇城为蒲昌县，高昌城为高昌县，其他小城镇不计，或亦隶属于此，而旧时高昌之郡城藉此乃可考。故今论高昌郡城仍以五大城为纲维，并附及散见各记载之城镇焉。

1. 高昌城

按高昌城在今吐鲁番之东南35公里，地名阿斯塔拉，译言二堡，本汉车师国之高昌壁。后汉和帝永元中置戊己校尉，屯田于此。一说云汉武帝遣兵西讨，师旅顿敝，其中尤困者因住焉，以地势高敞，人物昌盛，因云高昌。亦云其地有汉时高昌垒，故以为国号。按一曰高昌壁，一曰高昌垒，皆为汉代屯兵之所，实为一地，皆汉人所命之名。自后历晋、魏、周、隋、唐，虽主治者迭易，而高昌之名则相沿未改。唐懿宗时，有回鹘大酋仆固俊取西州，始有"西州回鹘"之名。元设"霍州畏兀按察司镇""和州宣慰司"。《元史·地理志》附录作合剌火者，《元史·巴而术阿而

第八章　高昌史事略

忒的斤传》作哈拉霍州，《耶律希亮传》作哈剌火州，《明史》称为火州，今为哈拉和卓。法人伯希和氏作《高昌和州火州哈喇和卓考》（见1912年《亚洲报》，冯承钧译入《史地丛刊》）本新发现之突厥文残卷中 qOCO 一语谓即高昌之对音，而哈拉和卓又即突厥语之译音。我对伯氏之考订虽未能直论其非，但据我的考察所得，亦有数点可供研究。

（1）据伯希和氏所谓高昌国旧城，即在今哈拉和卓附近，既同为一城，则音译之变迁即由高昌变为火州、和卓殊为可能。我到吐鲁番时询问二堡旧城之名与所在之地，据说哈拉和卓尚在其西约5公里，地名三堡；此有旧城之地名阿斯塔拉，义谓二堡。"哈拉"为"黑"，"和卓"为"圣裔"，本土耳其语。又云，此地原为蒙古人所占据，哈拉和卓到此，与蒙古人战死城中，后觅得一指，葬于城旁，遂名其地为哈拉和卓。此虽为一种传说，但必有根据，则哈拉和卓出于维语自有其历史，与高昌因汉代屯兵而得名者不同，故不能即谓"和卓"之名出于高昌。

（2）伯希和氏谓二堡旧城名"雅图库"，与"亦都护"为对音。又云"亦都护"为人名，居此城中，因以名其城。按《元史·巴而术阿而忒的斤传》云："亦都护者高昌国主之号也，先世居畏兀儿之地，有和林山，二水出焉……玉伦的斤卒，灾异屡见，民弗安居……乃迁于交州。"又云："（元）至元三年，世祖命其子火赤哈的斤嗣为'亦都护'……还镇火州……仁宗……封为高昌王，别以金印赐之……其王印行诸内郡，亦都护之印行诸畏兀儿之境。"按《元史》此传本之虞集《高昌王世勋碑》，虞集元人，其说当较为可据。则亦都护为王号，并非人名，是可确定。我对于伯希和氏谓亦都护为人名，与雅图库为对音，不能不怀疑。

且畏兀儿迁火州后，其高昌之名仍存在，与哈剌火者并行，是"哈拉和卓""哈剌火者"与高昌虽同为地名，并无彼出于此之因果关系。

至于和州、火州之名，一见于《辽史》《金史》，称和州回鹘，一见于《明史》，称火州。伯氏以为即哈剌和卓之译音。但《宋史》有西州回鹘，即在高昌之旧地，而无和州回鹘，王延德使高昌亦只称西州，且西州高昌治，与哈拉和卓相隔不及2.5公里，不应有两部落。至于《明史》之火州，据《四夷馆考》："高昌元号畏兀儿，隶马哈木，入国朝（指明），号火州。"《明史》谓其地多山，青红如火，故曰火州。据此则火州乃汉语命名，与当时本地人所称之吐鲁番、鲁克尘、哈剌火者等处之名号并行，犹现新疆南路各城名每维、汉互称。例如鄯善官名，维名为辟展；焉耆官名，维名为喀拉沙尔；轮台官名，维名为布古尔；于阗官名，维名为克衣；和阗官名，维名为和棠。凡如此类，指不胜屈。所以火州之于和卓或火者，亦同此例。不能因其音相近，即谓为彼由此之异译。

2. 田地城

《元和郡县志》云："柳中西至州三十里。"按即今二堡东15公里鲁克沁地，汉名柳中，后汉安帝延光中班勇为西域长史，屯柳中，即此。前凉张骏立田地县属高昌郡，北魏末麴氏立国，仍为田地城，与交河城并称，均为王子所居，称为"田地公""交河公"。握有高昌政治上之实力者，如麴嘉时兄弟孝亮，尝为田地太守，表求内徙，可以为证。唐平高昌，复以田地城为柳中县，属西州（《通典》作田北城，误）。唐、宋之间回鹘占据西州，此地乃属回鹘。宋名此地为六种，乃柳中之对音。王延德使高昌，又历六种乃至高昌，此六种即是柳中。元为鲁克尘，《明史》称为柳城，一曰鲁陈，现名鲁克沁。今以音义释之，鲁陈、柳城，疑鲁克尘之急读。鲁克沁，维民读为鲁姑庆。凡维民读"克""格"均以作语助词，有音无字，凡沁均读如庆，即城音之转，沁亦即城字之义。例如吐鲁番城，维民读为吐鲁番沁尔，新城读为英儿沁尔，故鲁克沁亦即鲁陈、六种、柳中之对音，因各地民族之发音有别，遂成异译。

现鲁克沁回王居处有旧城遗址，多毁圮，相其建筑与二堡旧城时代相若，疑即高昌田地城，唐柳中县之遗址。鲁克沁北15公里有红山，山石均为红沙石作红色，故古名赤石山。山之断岩涧旁，依岩凿洞，庙宇林立，如雅图沟、土峪沟皆是。再北约数十公里为雪山，即天山。相传唐薛仁贵征铁勒，"三箭定天山"即此。故《魏书》称高昌国北有赤石山，七十里有贪汗山，即指鲁克沁以北之山。鲁克沁之东南有大沙碛，《元和郡县志》称柳中县东南九十里有大沙海即此，沙山峰鳞，如海波涛，故名沙海。唐玄奘由伊吾涉行南碛，六日至高昌白力城。王延德使高昌，由伊吾之纳职县西北行，经大患鬼魅碛，三日至鬼谷口，八日至泽田寺，均系经行此沙碛，与玄奘断水受困之莫贺延碛有别。莫贺延碛在敦煌、伊吾途中；此则在伊吾、高昌途中，一在西北，一在东南，中有伊吾间隔其间。然此为至西域必经之地，凡通使西域者，自伊吾必经此碛至柳中，转西至焉耆、龟兹。《元和郡县志》称柳中当驿路，城极险固者即此。

3. 交河城

《元和郡县志》云："交河东南至州八十里。"按即今二堡西北40公里，吐鲁番西10公里雅尔湖地。有两河分流绕城，故名交河。为汉代车师王前庭治所，与匈奴接壤，尝服属之。时汉通西域，屯田渠犁，尝与匈奴争车师。宣帝时郑吉攻破车师前部，乃始有田卒。至元帝时置戊己校尉，居前部高昌壁。后汉永元三年

（公元91年），班超定西域，置戊己校尉居前部，又置戊部候居车师后部，候城相去五百里（本《通志·四夷传》）。是高昌为两汉屯田之地，高昌壁即校尉之所居，故《旧唐书》以高昌为校尉城者因此。我此次赴罗布泊考查，采掘若干汉简，有一简云"交河壁"，以其他同出有年号之简证明，确为汉宣帝至成帝时事。然史书不载交河壁，检《通志·四夷传》"车师"条称："戊己校尉刁护病，遣吏陈良屯恒且谷备匈奴寇，史终带取粮食，司马丞韩元领诸壁，右曲候任商领诸垒。"又云"胁诸亭，令燔积薪，分告诸壁"，云云。是汉时屯田非仅一地，屯田高昌者为高昌壁，屯田交河者为交河壁；因校尉居高昌，故史只记高昌壁，而交河壁遂不录，今由此可补史记之阙。自晋迄于魏初，交河仍为车师王所居，然仍被统制于校尉或太守，至后魏太平真君十一年（公元450年），车师为沮渠安周所乘，车师王车伊洛以族亡奔焉耆，车师前部至是亡。高昌有国时立为交河郡，唐平高昌改为交河县，宋属回鹘，西辽及元初属畏兀儿，元至元中畏兀儿迁火州，此城遂废。明正统间吐鲁番强盛，高昌交河均并于吐鲁番。而昔时谓为文化中枢，今则土垣满野，禾黍馥郁，乃为考古学者欣赏之地矣。

4. 蒲昌城

本高昌时东镇城，《通典·边防志》"车师"条以东镇城为蒲昌县。《元和郡县志》:"蒲昌西南至州一百八十里,贞观十四年置,本名金蒲城,车师后王置。"《旧唐书·地理志》:"蒲昌,贞观十四年于始昌故城置。县东南有蒲类海,胡人呼为婆悉海。"《新唐书·地理志》:"(蒲昌)本隶庭州,后来属。西有七屯城、弩支城,有石城镇、播仙镇。"综观诸书所云,皆未能确指蒲昌城之所在。按金蒲本金满之讹,金满属车师后庭,距西州五百里,不能以距州一百八十里之蒲昌当之,故《元和郡县志》之说为不可信。《旧唐书·地理志》以始昌城当东镇城已谬误,盖《通典·边防志》"车师"条明云以"始昌城为天山县"也。至称县有蒲类海,按海在伊吾之北,今镇西地,去鲁克沁千余里,更为不伦。《新唐书·地理志》谓西有七屯城等。按唐时由敦煌入西域道经蒲昌海南岸,西经七屯城,又西经石城镇,均在今罗布泊南岸西至若羌一带,距吐鲁番600多公里。《新疆图志》谓"蒲昌县初在东北,后移设西南",乃牵合《新唐书·地理志》七屯城之说,而误以蒲昌县因蒲昌海得名之谬见。欲证古地,当本古迹之遗留,与方位之距离,校验无差,乃可信为真实。

吾人断定二堡旧城为高昌王都,因有出土之古物可证;断定雅尔岩旧城为古交河城,因现有两河绕城之遗迹与古物可证;断定鲁克沁为古田地城,因有地理形势及与西州方位可证。因此,要断定蒲昌在何所,则先假定《元和郡县志》县在州东北一百八十里之说为可信，再按其方位与距离以求其古址。我到吐鲁番即按古书记载之方位，探问寻觅蒲昌古址。据当地人所言在二堡东北有二古址。一曰汉墩，在鄯善西北20公里，现有土城遗迹，西南有小山，山上有二墩，相传汉时所筑。今以二堡望汉墩正在东北，其方向颇相合，但由高昌故址数至汉墩，计55公里，距离远近微嫌不足。一曰柯柯雅，在山谷间，即在汉墩之北约40公里地，为通木垒河古城子间道，亦说有土墩及小土城。但又据一维民说为安集占人所筑，以防古城子敌人者。按由汉墩到柯柯雅均有居民甚多，水草亦优，为至古城子必经之地。唐时高昌东北与铁勒为邻，取名东镇城，盖亦镇守东界之义，则在此处置建城台殊为可能。可惜未及躬往探查，然相信蒲昌城必在是处矣。

5. 天山城

《通典·边防志》"车师"条以始昌城为天山县。《元和郡县志》云："天山东至州一百五十里，贞观十四年置。"《新唐书·地理志》："(西)州西南……百二十里至天山……"《旧唐书·地理志》云："取祁连山为名。"按匈奴呼天为祁连是亦以其有天山之义，故欲求天山县故址，当然在西州之西75公里天山之南寻觅其遗迹。今陶保廉《辛卯侍行记》谓当在托克逊，而《西域图志》以连木齐当之。按准方向，当以托克逊为天山县之故地似颇近理。盖托克逊距哈拉和卓95公里，此指绕吐鲁番之道，若直径可减10公里。又在托克逊之东10公里有古址一，维民呼为窝额梯木，汉人名为大墩子，审其陶片及形式或为唐代建筑。在北5公里有城址一间，有城基甚古，但其倾圮之墙壁甚新，盖为后人就原址重建新城也。其南车辙道深丈余，皆为数百年前往来人所遗留。盖此处适当东西交通之衢，由高昌至焉耆或龟兹者所必经之途径。且南北均为天山，与《元和郡县志》所述之地位与距离亦相合。我认为天山城当在此。至《西域图志》之连木齐，即连木沁，在哈拉和卓之东，与《元和郡县志》所指之方向相反。今不取。

以上所述五城皆旧时高昌较大之城，且有方位里数可记者举之，至于散见于各记载之中仅有城名难以明其方位者亦录存为表以备参校。

白力城　《魏书·唐和传》。按即《北史》之白棘城，去高昌一百六十里。

横截　《南史·高昌传》《魏书·唐和传》。按麴斌碑阴有应威将军横截太守。

高宁　《魏书·唐和传》。按《北史》作高昌。

新兴　《麴斌造寺碑》《南史·高昌传》。按麴斌为新兴令，造寺当在今三堡附近。

第八章　高昌史事略

临　川　《南史·高昌传》。陶保廉《辛卯侍行记》云，疑在今连木沁。

柳　婆　《南史·高昌传》。《辛卯侍行记》云，疑在今吐鲁番南之勒木丕。

湾　林　《南史·高昌传》。《辛卯侍行记》云，疑在胜金口东北之汗和罗。

宁　由　《南史·高昌传》。《梁书》作由宁。《辛卯侍行记》云，在今吐鲁番东南洋海。

笃　进　《南史·高昌传》。《辛卯侍行记》云，在今托克罗。

白　刃　《南史·高昌传》。按《梁书》作白刀，疑皆白力之讹。

南　平　《新唐书·地理志》。按在今雅尔湖东南35公里让布工尚。

安　昌　《新唐书·地理志》。按在今雅尔湖南15公里柏克布拉克。

安乐城　《明史·西域传》。按《明史》谓为唐属交河县，疑即今之吐鲁番城附角之古城。

以上所举十三城，合前言五大城，适合《隋书》十八城之数。

除白力城即白棘城，地址略可考见，已如上文所述者外，其余各城位置均不能确定。陶保廉《辛卯侍行记》所述亦属牵强，不能据为定论，且多无遗址可资考证。唯南平、安昌二城据《新唐书》称在州西南。我此次由雅尔岩东南行至哈拉和卓途中发现旧城二，一在雅尔岩南15公里，一在雅尔岩东南35公里。据其遗物及城基大概在北魏之末及隋、唐之间，其城址建筑亦与鲁克沁旧城相同。我疑此二城或即《新唐书》所述之南平、安昌二城遗址。至《明史》称交河所属之安乐城，疑在吐鲁番附近。现吐鲁番广安城东附角有一旧城，本地人称昔为蒙古王所居。吐鲁番高小校长杨重熙君云，此即火州故城。但均无确据。我验其遗物，确为元、明时所遗留，岂即元至元中畏兀儿王赤哈的什所居之故城欤？是均有待于将来之发现也。

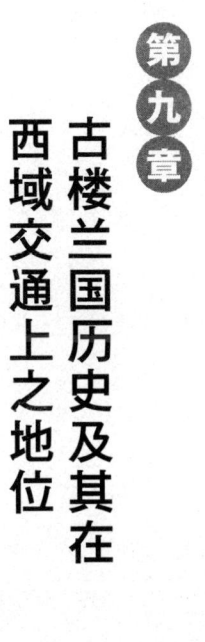

第九章 古楼兰国历史及其在西域交通上之地位

第九章　古楼兰国历史及其在西域交通上之地位

第一节　楼兰史略

楼兰国创始于何时，记载缺乏，无可征信。但其名称之初见于古籍记载者，以汉司马迁《史记》为首。文帝前元四年（公元前176年），匈奴冒顿单于遗汉文帝书云："定楼兰、乌孙、呼揭及其旁二十六国（按二当作三），皆以为匈奴。"此为记录楼兰名称之始。然此时汉朝对西域诸国情形，尚不明晰。汉朝认识西域诸国，始于张骞。张骞在武帝建元三年（公元前138年），奉使西域，元朔三年（公元前126年）返汉，俱以所过及传闻西域各国情形，还言于武帝。司马迁著《史记》，据之以作《大宛列传》。如云："楼兰、姑师，邑有城郭，临盐泽。"是为记录楼兰国之始，汉朝之知有楼兰国，亦自张骞始也。在《史记》以前，若《山海经》，虽述河水入渤泽事，然未提及楼兰。《水经注》述姜赖国之传说，语多虚诞，未足取信。故论罗布区域历史，当以《史记》

所述楼兰为始。但"张骞凿空"，记文简略。及武帝以后，宣、元之际，中原、西域交涉频繁，西域各国情形益臻翔实。后汉班固作《汉书》，西域各国别为一卷。而鄯善国即楼兰，特立专传，以志其事迹，后之作史者，均相沿不改，而楼兰国历史，差可考述。今本近世出土文书，参稽古籍，述其历史如下：

（一）鄯善国之初起及其最盛时期

秦朝开创统一局面后，在北方，东有东胡，西有月氏，北为匈奴，为三大相邻势力。时匈奴在阴山以北，今内蒙一带，而月氏居于敦煌、祁连间，最为强大，乌孙等民族均为其役属。楼兰僻处蒲昌海西岸，与月氏为邻，是否服属月氏，或有亲属关系，确无明文可考，然当与月氏有交往。月氏西迁，疑亦假道于楼兰国境。秦二世元年（公元前209年），匈奴冒顿为单于，势渐雄强，北灭东胡，西击走月氏，役属西域三十六国。据汉文帝四年（公元前176年），冒顿所遗文帝之书，称"楼兰、乌孙……为匈奴"，则当时匈奴势力已达到西域各国，即今新疆之南北矣。时月氏、乌孙已相继西迁，匈奴疆域，右方直至盐泽以东[1]。时楼兰居

---

[1] 见《史记·大宛列传》。

第九章 古楼兰国历史及其在西域交通上之地位

盐泽以西，国小兵弱，为匈奴役属，此必然之势。故在西汉初年，即自汉文帝前元四年至武帝元封三年（公元前176—前108年），楼兰为匈奴属国。

西汉之初，匈奴奄有西北，置左右贤王，以左王将居东方，直上谷；右王将居西方，直上郡。又与氐、羌相往。故汉时西北两面，均被迫于匈奴，与氐、羌累为边境之患。自汉元狩中，汉遣骠骑将军霍去病击破匈奴右地，降浑邪、休屠王，空其地，以置酒泉、武威、张掖、敦煌四郡。匈奴益西北徙，羌、胡交通自是断绝。初张骞奉使西域还，言联络乌孙、大宛之利。武帝从其言，甘心欲通大宛诸国，使者相望于道，一岁中多至十余辈。然汉由白龙堆，过楼兰，至乌孙、大宛，必须经过极长之险道。时匈奴虽已西北徙，然与西域诸国相接。车师服事匈奴，共为寇钞。又匈奴西边日逐王置僮仆都尉，使领西域，尝居焉耆、危须、尉犁间。汉使至西域，必经过楼兰、尉犁，沿塔里木河西行，过龟兹，以至乌孙，西通大宛。时楼兰与姑师均临盐泽，当汉道之冲。楼兰最在东陲近汉，当白龙堆。"常主发导……送迎汉使"，苦之。数为匈奴耳目，攻劫汉使王恢等。故武帝欲达到通西域以断匈奴右臂之目的，则非取得楼兰为根据地不可。

元封三年（公元前108年），武帝遣从骠侯赵破奴将属国骑及郡兵数万人，击姑师；王恢将七百人先至，虏楼兰王，遂破姑师，楼兰降服，纳质子于汉，汉亦列亭障至玉门矣。太初三年（公元前102年），贰师将军西行，得以渡过盐泽，平行至大宛，皆由已取得楼兰，无后顾之忧故也。楼兰虽服属于匈奴，但同时又被迫于匈奴，与汉时离时合。例如楼兰常遣一子质汉，一子质匈奴，又尝为匈奴反间以苦汉使。昭帝时因楼兰王不睦于汉，遣傅介子刺杀之，更立尉屠耆为王。迁都伊循城，置伊循都尉以镇抚之，更其国名为鄯善，是为鄯善得名之始。《汉书·西域传》立鄯善传，而无楼兰传，盖从其后称也。伊循在罗布泊之南，当南道之冲。楼兰在今罗布泊之北，当北道之冲。楼兰既已南迁伊循，则楼兰故地，汉得因之以为军事运输之重地。例如宣、元之际，设都护，置军侯，开井渠，屯田积谷，由盐泽以至渠犁，亭燧相望，皆为布置军事及运输之重要措施。由是言之，自昭、宣以后，楼兰故地遂为汉有矣。

及前汉之末，哀、平年间，内政不修，汉朝势力，未能远播。西域诸国，自相分割为五十五国。王莽篡位，倒行逆施，激起西域统治者不满；匈奴乘机役属西域。光武初定，未遑远略，西域诸国复自相攻伐兼并。据《后汉书·西域传》所述，明帝永平中，小宛、精绝、戎卢、且末为鄯善所并，渠勒、皮山为于阗所统。葱岭以东，唯此二国最为强大。《魏略·西戎传》所述，与此略同。唯戎卢属于阗，别有楼兰国属鄯善为异耳。是当后汉时，鄯善疆

第九章　古楼兰国历史及其在西域交通上之地位

域，西达今之尼雅矣。1906年，斯坦因考古西域，在尼雅北废墟中，发现有佉卢文书（Kharosthi）及汉文封泥，上镌篆文"鄯善都尉"四字。都尉二字确否待考，鄯善二字则无可疑。又一封泥，镌有希腊式神像雅典娜（Pallas Athene），手执盾及雷电。斯坦因认为公元1世纪至3世纪之物[①]。适当汉、魏之际，与《后汉书》及《魏略》所述完全符合，足征史书所载精确可信。唯《后汉书》不为鄯善立传，其胜兵户口之数，无由确知。但合并《汉书》所记鄯善、且末、小宛、精绝、戎卢，户口胜兵之数，则户为二千六百七十，口为七千七百七十，兵为四千二百二十，视西汉时几加一倍矣。疑尚不仅此数也。至于罗布北部，则后汉与前汉迥殊。前汉交通，多取北路，由白龙堆取道楼兰，直诣龟兹。故宣、元之际，楼兰虽南迁，而汉朝仍设烽候以卫行旅。及至哀、平，中原和西域交通阻隔，此路遂被放弃，由吾人在罗布北岸守望台中所掘拾文书，无一哀、平以后者，可以为证。及至后汉情形，当复相同，且又为风沙所侵袭，已非如西汉时为屯田良地。故后汉通西域路线，不得不由敦煌通西域路中，别觅一安全之道，乃注意及伊吾。伊吾即今之哈密，居天山东麓，为西域诸国门户，匈奴尝资之以为暴钞。由伊吾至车师千余里，路平无险，可避白龙堆之厄。

[①] 向达译：《斯坦因西域考古记》，中华书局1936年版，第63页，又第44图。

再由车师西行，沿天山南麓，经焉耆、龟兹至疏勒为天赋良道。

故明帝永平十六年（公元73年），令窦固出兵攻取伊吾，为北路之根据地者，此也。虽章帝不能守，退出哈密与吐鲁番二地。但和帝永元之初，再令窦宪攻匈奴，取伊吾卢地，班超因之以定西域，五十余国，悉附于汉。故终后汉之时，与匈奴争伊吾、车师，而不注意楼兰，与前汉情形迥殊。故楼兰径道遂日益荒废。虽安帝元初中，据《后汉书·班超传》班超少子班勇上议："宜遣西域长史，将五百人屯楼兰，西当焉耆、龟兹径路，南强鄯善、于阗心胆，北捍匈奴，东近敦煌。"然汉朝卒不从其计，令班勇将五百人出屯柳中。柳中即今鲁克沁地，与高昌为近。故就记载所述，终后汉之世，对于楼兰故墟，即罗布泊北岸，不见有若何之措施也。至于南道，在后汉之时，则为汉朝所注意。盖后汉既注意伊吾，但鄯善亦当南道冲要，若不取以为掎角，设鄯善与车师联合以阻汉道，亦足以威胁伊吾。故当明帝永平中，窦固攻取伊吾卢地，即令班超收抚鄯善为后援。班超率三十六人攻陷匈奴使节，鄯善遂为藩属，班超因之以镇抚南道诸国，平定西域。安帝之初，阻于羌乱，而西域诸国一度被迫于匈奴，而鄯善未几亦降。班勇上议，称"今鄯善王尤还，汉人外孙，若匈奴得志，则尤还必死……若出屯楼兰，足以招抚其心"。据此，是鄯善自永平以来，即为汉藩属。推鄯善王尤还为汉人外孙一语，则鄯善前王与汉又有婚嫁之谊，故鄯善王广及尤还二世，均尝以兵助超、勇平定西域之乱。鄯善王虽服属于汉，仍拥有国土与名号，故终后汉之世，其势力与疆域特别强大。至三国时，本《魏略》所记情形，与后汉略同，唯戎卢属于阗，疆域较后汉时略小耳。又据《魏志·乌丸传》所述，称龟兹、于阗、康居、乌孙、疏勒、月氏、鄯善、车师之属，无岁不奉朝贡，略如汉时故事。又称文帝黄初三年（公元222年）二月，鄯善、于阗、龟兹王各遣使贡献，魏置戊己校尉以统之。是鄯善在三国时仍服属于曹魏。

（二）楼兰故地之复活与最后之放弃

研究西域历史，至魏、晋以后，颇感困难。这是由于内地长期处于分裂割据状态，政治上对西域的影响为之削弱；文字上对西域的记载又复残缺不全，史实失载较多。现检其自魏、晋以来二百余年之间略见于史书记载者，复参考近年来在考古上之发现，概略言之。

1900年，斯文·赫定在罗布北区，发现楼兰遗址，采获文书中，有咸熙、泰始、永嘉各年号之记载。按咸熙为曹魏最后之帝陈留王奂年号，泰始为晋武帝年号，永嘉为晋怀帝年号，是此地在公元265年—公元310年约四十余年之间，尚在活动时期。又一年号为熹平四年，我疑为嘉平之讹，即齐王芳年号，若然，则又早十余年矣。又查文书中所述，大概关于屯田、积谷事。如云"将城内田明日之后，便当斫地下种"可证。又其官员中，有"从掾主簿""仓曹""兵曹"等官，则此地显然如魏、晋在西域所设置之政治组织所在地。又一简云："长史白书一封诣敦煌府，蒲书十六封，十二封诣敦煌府，二诣酒泉府，二诣王怀、阚颃。泰始六年三月十五日，楼兰从掾马厉付行书。"① 据此，是此地为西晋时西域长史所居，与敦煌太守交往不绝。按西域长史之官，初设于后汉安帝延光中，以班勇为长史，屯柳中。曹魏黄初三年（公元222年），置戊己校尉于高昌，晋初仍之未改，此见于史书之可据者。但设西域长史，屯田楼兰，史书均失载。由此文书之发现，可补正史之阙。又有发现嘉平、咸熙年号。是西域长史，在曹魏时即已设置，或与置戊己校尉同时，而晋初仍其旧也。如此，是楼兰故地交通之恢复，始于魏黄初中。故《魏略》记通西域道路，称前有二道，今有三道，多一中路，盖即此也。

至此地放弃时期，据斯文·赫定所获文书之记载，为永嘉四年（公元310年）。但斯坦因于1906年，在此地发掘得一年代最后

---

① A. Conrady: Die Chinesischen Handschriften und Sonstigen Kleinfunde Sven Hedin in Lou Lan, p. 156.

第九章　古楼兰国历史及其在西域交通上之地位

之文书，为（东晋元帝）建武十四年，即（东晋成帝）咸和五年（公元330年）。但日人橘瑞超于1910年，又在楼兰故地，拾西域长史李柏书字样[1]。按据《十六国春秋·前凉录》，有"西域长史李柏请击叛将赵贞，为贞所败"等语，骏赦不诛，是为咸和五年事（辑补作"四年"）。今以《十六国春秋》所记，与斯坦因、橘瑞超氏所得之文书核对，则橘瑞超所得之李柏文书，当即《前凉录》中之西域长史李柏。又观下文"赵贞不附于骏"之语，是在咸和五年以前，高昌及西域长史尚承晋年号，故有建武十四年之记载。自咸和六年以后，乃并于张骏，时晋已东渡，命令不及于西域，而高昌太守赵贞尚承晋年号。故自曹魏黄初元年（公元220年）至东晋成帝咸和五年（公元330年）百余年间，皆为中原势力所及之时也。至前凉张骏据有西域后，设戊己校尉与西域都护，仍沿魏、晋旧规，分居于高昌及楼兰两地。

《十六国春秋·前凉录》云："分敦煌、晋昌、高昌三郡，及西域都护、戊己校尉、玉门大护军三营为沙州。以西胡校尉杨宣为刺史。"西域都护，疑即魏、晋时之西域长史，与戊己校尉、玉门大护军为三营。可证在咸康元年（公元335年），张骏假节凉王

---

[1] 斯坦因文书，具见向达译：《斯坦因西域考古记》，中华书局1936年版，第99页。日人文书，见《流沙堕简简牍遗文》，及《观堂集林》卷十七《罗布淖尔所出前凉西域长史李柏书稿跋》。

时，仅改名号，而驻地未改。故咸康元年，沙州刺史杨宣伐西域，以张植为前锋，进至流沙，疑即白龙堆之沙碛也。《前凉录》又云："张植仕骏为西域校尉，以功拜西域都尉。"按西域都护、西域都尉与西域长史，是否为一官之异名，虽不可知，但相信其职位必相等。疑晋之称长史者，注重屯田治民，盖沿曹魏之旧。张骏改为都护，或都尉，注重治军，故称营；营，军垒之号也。若然，是咸康元年为西域长史或都尉者为张植。又据斯坦因所获文书中有"西域长史张君座前"之语①，是否即为咸康元年之张植，抑为天锡朝西域校尉之张颂，虽不能判定，但由咸康元年至前凉末王之张天锡，西域仍继续设长史，或都尉，似可确信。若然，是楼兰故地之放弃，当在前凉之末，即公元376年也。至苻秦灭前凉，内地与西域交通移转于鄯善、车师，而此地遂荒废矣。

（三）鄯善与中原三朝之交涉及其衰亡

自苻秦灭凉，拥有凉土，兼制西域，西域诸国亦相率朝秦。《晋书·苻坚载记》云："〔前秦苻坚建元十七年〕车师前部王弥窴、鄯善王休密驮朝于坚……引见于西堂，清乞依汉置都护……若王

---

① 向达译：《斯坦因西域考古记》，中华书局1936年版，第71页，第47图。

第九章　古楼兰国历史及其在西域交通上之地位

师出关，愿为向导。"云云。建元十八年（公元382年），以骁骑将军吕光为使持节都督西讨诸军事；十九年春，兵发长安，加鄯善王休密驮使持节都督西域诸军事，车师前部王弥窴使持节、平西将军、西域都护。是为鄯善与前秦关系密切之证。及苻坚败于淝水，领土瓦解，不复能控制西域。以〔西凉李暠〕建初二年（公元406年），鄯善王一度遣使贡献方物于西凉李暠，然亦无多交涉。〔北凉沮渠蒙逊〕玄始九年（公元420年），沮渠蒙逊率众攻敦煌，灭西凉，鄯善王比龙又入朝于蒙逊，西域诸国皆相率称臣。当五凉之互据甘肃也，拓跋魏亦雄张于山陕，渐次向西北扩展。时沮渠蒙逊拥有凉土，史称北凉。在宋文帝元嘉十六年（元公439年），魏太武帝破凉州，沮渠牧犍被执。其弟无讳奔敦煌。《十六国春秋》云："真君初（宋元嘉十八年），无讳谋渡流沙，遣弟乐都太守安周西击鄯善，鄯善王比龙恐惧欲降，会魏使者至，劝令拒之，安周与战，连旬不克，退保东城。明年，无讳将万余家弃敦煌，西就安周，未至，鄯善王畏之，将四千余众西奔且末。其世子乃从安周，国中大乱，无讳因据鄯善。"

时鄯善之北高昌，为凉州人阚爽所据。鄯善之东敦煌，为西凉后裔李宝所据。而柔然与魏，又雄强于东北外围。鄯善当南道之冲，为谋控制西域之势力所必争。时魏已拥有凉土，扩展至西域，乃必然之势也。无讳与魏为敌，魏决不使无讳安据要冲，亦为必然之势也。故无讳亦谋向西北发展，因谋攻阚爽，即率众从焉耆东北趣高昌。遂留屯高昌。无讳卒，其弟安周继据之。清光绪中，德国人奈柯克在高昌故城中，发现有沮渠安周造寺碑，及所写佛经[1]，可以为证。则沮渠氏之王高昌，固有若干年矣。时无讳既去鄯善，而魏遂乘机而入。据《魏书·西域传》，后魏太平真君六年（公元445年），鄯善王阻隔交通，魏太武帝遣万度归讨之，擒其王真达，以韩牧为假节征西将军，领护西戎校尉鄯善王以镇之，赋役其人民，比之郡县。鄯善遂为魏有。但魏虽平定鄯善，尚不及且末，故且末仍为鄯善王所据，及西魏大统八年（公元542年），其兄鄯善王米率众内附，而旧时鄯善领土遂全入于魏矣。按史书记载称鄯善始于汉昭帝元凤四年（公元前77年），至后魏太武帝太平真君六年（公元445年）亡，共有国凡522年。

附论：鄯善与楼兰国都问题

楼兰历史既如上述。至楼兰与鄯善之都城问题，因近数十年来，罗布淖尔遗址续有发见，关于国都位置问题，遂引起东西学者之注意。今据考古上之材料，参稽古籍，为之疏证如下。

---

[1] 王树枏：《新疆访古录》卷一。

第九章　古楼兰国历史及其在西域交通上之地位

1. 在南说

此为斯坦因等所主张，日本人藤田丰八和之。据斯坦因《西域考古记》所述，在1907年1月，在密远西藏堡垒工作时，发现古西藏文书所记录之地名，有大纳布城、小纳布城。按大纳布城即若羌，小纳布城即密远，可证密远遗址，即为扜泥城旧址，"中国史书称此为鄯善的古东城"[①]。按斯坦因氏所述"中国史书"，即指北魏时郦道元之《水经注》。郦注《河水篇》引《释氏西域记》云："且末河东北流，径且末北，又流而左会南河，会流东逝，通为注宾河。注宾河又东径鄯善国北，治伊循城，故楼兰之地也。……其水东注泽，泽在楼兰国北扜泥城，其俗谓之东故城。"按且末河即今车尔臣河，东北流，与塔里木河会而东流，注滨河盖其末流也。其水由西而东，故先径鄯善国之伊循城，东至扜泥城注泽。斯坦因氏以今卡尔克里克附近之古迹，当汉之伊循城；密远旧址，当扜泥城。又以《水经注》有楼兰国北扜泥城之语，遂以扜泥城为楼兰旧都也。由是言之，是伊循城在扜泥城西，而扜泥城在东也。如此，则与《新唐书·地理志》所述不合。

《新唐书·地理志》引贾耽《道里记》云："又一路，自沙州寿昌县西十里，至阳关故城。又西，至蒲昌海南岸千里，自蒲昌海

[①] 向达译：《斯坦因西域考古记》，中华书局1936年版，第81页。

南岸，西经七屯城，汉伊修城也。又西八十里，至石城镇，汉楼兰国也。亦名鄯善，在蒲昌海南三百里。康艳典为镇使，以通西域者。"又敦煌写本《沙州都督府图经》云："石城镇，东去沙州一千五百八十里，本汉楼兰国。唐贞观中，康国大首领康艳典东来居此城，亦曰典合城。"又云："屯城西去石城镇一百八十里……汉遣司马及吏士屯田伊循以镇抚之，即此城也。胡以西有鄯善大城，遂为小鄯善，今屯城也。"如《图经》所述，除七屯城作屯城，西八十里作一百八十里外，余与《新唐书·地理志》大致相同。据上所述，是汉之伊循城，即唐之屯城，当即今之密远。唐石城镇即汉之扜泥城，当即今之卡尔克里克，若然，是伊循城在东，而扜泥城在西也。与《水经注》所述方位，完全相反。近日人藤田丰八作《鄯善国都考》，赞同斯坦因氏之主张，并引《魏书·西域传》沮渠安周"退保东城"之语，谓即《水经注》之东故城，证明北魏时鄯善国都之伊循城在扜泥城之西，《新唐书·地理志》及《沙州图经》颠倒东西位置也。按《沙州图经》及《新唐书·地理志》，并无石城镇为汉扜泥城之语。本楼兰国一语，乃泛指楼兰国境言。楼兰即鄯善未迁时之名，故《新唐书·地理志》有汉之楼兰国亦名鄯善之语，本非两国，故互举以言之。

细审《沙州图经》之语，石城镇为唐上元二年（公元761年）所改，其城初置于隋，未久即废。唐贞观中，康国人康艳典重修筑，改名典合城，即今卡尔克里克附近之废墟是也。现地方人士在此城中，尝得陶器及开元钱，已证明为隋、唐时遗址。若指为楼兰国之旧都扜泥城，或为鄯善之伊循城，应有西汉遗物。今察无一见，可证非西汉遗址。且《水经注》明言泽在楼兰国北扜泥城，是城临泽旁，与《史记》"楼兰、姑师……临盐泽"之语相合。时泽在北岸，由今之地文学者，检查地形，及近今之水复故道，已可证明，则旧扜泥城亦应在此，不过尚未发现耳。若以扜泥城，当今密远，或卡尔克里克，相差数百里矣。至密远遗址，据斯坦因氏发掘报告，皆为公元后2世纪至4世纪遗物，正当鄯善隆盛时期。由上文所述鄯善历史，可以考见。《水经注》明言鄯善治伊循城，则以今之密远当古时伊循城，至为适当。据此，则《沙州图经》与《新唐书·地理志》所述，并无不合，与《水经注》亦无违反。斯坦因欲以密远与卡尔克里克，配合汉之伊循城与扜泥城，未免武断。而藤田丰八等，又欲以《水经注》之伊循城与东故城，配合唐之屯城与石城镇，亦陷于时空不相容之谬误，两者皆非也。

2. 在北说

此说初起于德人卡尔·希姆来（Herr Karl Himly）及孔拉特（A. Conrady），盖斯文·赫定在公元1900年时，赴西域探险，在罗布泊涸海之北部，发现遗址一区，在经度89°40'，纬度

40°30′，掘获木简及文书甚多，交德人卡尔·希姆来及孔拉特研究，二氏据其所获文书中有楼兰字样，遂定此城为楼兰城。后斯坦因博士于1906年再往考察，又发现不少遗物，沙畹博士研究遗物，亦赞同孔拉特之说。1910年，日人橘瑞超氏至此城，获得西域长史李柏文书，又有"海头"字样，我国王静安先生合并研究，以此地非古楼兰，其地当前凉之世，实名海头[①]。我检斯文·赫定所获文书，有晋泰始字样，大部分遗物皆在晋武帝以后，并无西汉时之遗物。王先生以此非古楼兰城，其说甚是。虽文书中有"楼兰马厉""楼兰国主均那羡"等语，然不能据此，即指为古楼兰国所遗留。因楼兰国虽更名鄯善，而楼兰地名之称呼并未废，在史书记载中，亦常称述楼兰字样，如上文所举《水经注》《新唐书·地理志》，皆其类也。故不能以有楼兰字样，即定为即古楼兰国都。又查此地有西域长史李柏书，李柏为前凉张骏时之西域长史，则此地为晋、宋时，中原王朝之西域长史所在地。我上文已详叙述矣。故以赫定所得之晋、宋遗址为西汉时楼兰国都，亦难凭信。然楼兰国都在何所耶？

按研究楼兰国都城，当有一先决问题。而时间与空间之配合，最为重要，盖鄯善国本名楼兰，近汉，当白龙堆。汉元凤四年

[①]《观堂集林》卷十七《流沙坠简序》，及斯文·赫定《我之探险生涯》。

第九章 古楼兰国历史及其在西域交通上之地位

（公元前77年），因楼兰王不恭于汉，大将军霍光遣傅介子刺杀之，立尉屠耆为王，更名其国为鄯善，都伊循城。故欲论楼兰之国都，当在元凤四年以前遗址求之。欲论鄯善之国都，当在元凤四年以后遗址求之。两者虽同为一国，但论其都城，不可混为一谈也。其次，汉通西域，原有二道：一为南道，一为北道。楼兰当北道之冲，由李广利出兵大宛之路线，及《史记·大宛列传》之记录，可为证明。皆为未迁以前之事，鄯善当南道之冲，由前、后《汉书·西域传》及《汉书·冯奉世传》"奉世……送大宛诸国客，至伊修城"一语，可为证明。皆既迁以后之事。因此，则鄯善国都之伊循城，在南道；楼兰国都扜泥城，在北道，似无可疑。我在上文述及鄯善之伊循城，根据《沙州图经》《新唐书·地理志》，及考古上之发见，定为即今之密远废墟，大致可以确定。若楼兰国都在今何所，今尚无适当遗址可以当之，但决在北道上。又本《史记》"楼兰、姑师……临盐泽"一语，决距罗布淖尔古海不远也。又按《水经注》叙述河水入罗布淖尔，分为两道。一为南河，注引《释氏西域记》云："南河自于阗东，于北三千里，至鄯善，入牢兰海者也。"一为北河，注云："河水又东径注宾城南，又东径楼兰城南而东注。"按南河最后所会之河为且末河，发源于阿耨达大山，流行于且末城之北，是南河当南道，东流入泽。北河最后所会之河，为敦薨水，即今焉耆河，发源于焉耆山，流行于焉耆之野，东径墨山国南，为孔雀河，东流注泽，是北河当北道。河水流行既分南北二道，则入海处亦当为南北两海口，则所经行之城市，亦必有在南北两面可知。北河流行于楼兰城南，而东注于泽，则楼兰城在北河之北可知。此由河流之经行，可以推知者也。密远既在且末河入海之南，是故以密远当伊循城，与《水经注》所述实为暗合。援例推之，则楼兰城当在北河之北，即今库鲁克河之北也。但尚未发见耳。我推测古楼兰之扜泥城，必距我在1931年所发见之古烽燧亭遗址不远，或在其西，是固待于后来者之探寻者也。

（四）吐谷浑之侵入与隋、唐之经营

约当公元5世纪之间，在中国西北部有一突起之民族，先吐蕃而进入西域者，曰吐谷浑。后魏神龟元年（公元518年），宋云往西域取经，过鄯善，称其城主为吐谷浑王第二子，则鄯善此时已为吐谷浑王所并无疑。又考《梁书·西北诸戎传》，有吐谷浑者，弟嗣位，避之西徙。"徙上陇，度枹罕，出凉州西南，至赤水而居之。其地则张掖之南，陇西之西，在河之南，故以为号。其界东至垒川，西邻于阗，北接高昌，东北通秦岭，方千余里……因姓吐谷浑，亦为国号。"按鄯善在于阗之东，高昌之南。今称北接高

第九章　古楼兰国历史及其在西域交通上之地位

昌，西邻于阗，则鄯善、且末已属吐谷浑领土可知。又《梁书·高昌传》亦有南接河南之语，河南为吐谷浑王号，是与《西北诸戎传》所述相合。但吐谷浑自何时始侵入鄯善，则史无明文。

《魏书·西域传》"于阗"条云："真君中……击吐谷浑……慕利延……驱其部渡流沙……西入于阗，杀其王，死者甚众。"据《魏书·世祖纪》为太平真君六年（公元445年）事。《宋书》亦有同样记载。《吐谷浑传》云："（宋元嘉）十六年，改封（慕利延为）河南王……十九年拓跋焘大破之……西奔白兰，攻破于阗。"宋元嘉十九年，即后魏太平真君三年（公元442年）。虽其年代微有差异，然必同记一事。按于阗在鄯善之西，白兰据丁谦考证，即今柴达木盆地，正当鄯善之南，与柴达木隔阿尔金山。然由柴达木至卡尔克里克，有大路可通行，谅古与今同。若然，则慕利延攻于阗时，必取道鄯善、且末，而西至于阗。《魏书》传中有"渡流沙"一语，其形迹至为显然。若然，则鄯善、且末之并入吐谷浑，始于慕利延，即（魏太武帝）太平真君三年，或六年事也。又按《魏书》（魏太武帝）太延五年（公元439年）平凉，（魏太武帝）太平真君二年（公元441年），沮渠无讳谋渡流沙，三年至鄯善，袭据高昌，六年魏遣万度归伐鄯善，擒其王真达，以其地为郡县。如慕利延在太平真君三年过鄯善伐于阗，则适当无讳据鄯善，时无讳势力尚强，拥有鄯善、且末、高昌，未必让吐谷浑通过。如过鄯善在六年，则适当万度归伐鄯善时，吐谷浑亦不敢经过。故慕利延之攻于阗，必不在太平真君三年或六年之间。鄯善之并入吐谷浑，决不在此时。

又按《魏书》称，兴安元年（公元452年）拾寅始居伏罗川，时太武被弒，国内乱，无暇顾及西陲。故吐谷浑得乘机扩充其势力。是吐谷浑之兼并鄯善、且末，疑在魏文成帝兴安元年以后也。以后，魏与吐谷浑虽迭有攻战，然均不足以制吐谷浑之发展。至魏孝明帝正光元年（公元520年），伏连筹之子夸吕立，渐强盛。魏孝庄帝永安三年（公元530年），始称可汗，居伏俟城。史称夸吕所据，东西三千里，南北千余里，故夸吕时为吐谷浑最盛时期，而鄯善、且末为其服役久矣，故宋云至鄯善时，为吐谷浑王第二子所统也。历周至隋，其境宇均未有变更。《隋书·吐谷浑传》云，隋炀帝时，伏允为铁勒所败，帝出兵掩之，伏允南遁，"故地皆空。自西平、临羌以西，且末以东，祁连以南，雪山以北，东西四千里，南北二千里，皆为隋有，置郡县镇戍……大业末，天下乱，伏允复其故地。……"按此为炀帝大业四年（公元608年）事也。是大业四年以前，鄯善仍为吐谷浑所有，炀帝灭吐谷浑，置鄯善郡，统显武、济远二县，且末郡统肃宁、伏戎二县，与西海郡、河源郡，同隶雍州，此炀帝大业五年事也。隋并筑鄯善镇以镇抚之，所筑之城，即今所见卡尔克里克之遗址。是鄯善在隋

第九章　古楼兰国历史及其在西域交通上之地位

时，一度为隋所并，及大业末，隋乱，而伏允仍居故土，鄯善仍为吐谷浑所统。至唐初灭吐谷浑，而鄯善遂内属于唐矣。《新唐书·吐谷浑传》云，隋末慕容伏允寇边，郡县不能御。太宗初，屡侵掠，贞观九年，诏李靖、侯君集率六总管讨之，伏允西走图伦碛，将托于阗，会追及，伏允遂自杀，可以为证。是吐谷浑拥有鄯善、且末，始于魏文成帝兴安元年（公元 452 年），灭于唐贞观九年（公元 635 年）约一百八十余年。藤田丰八以鄯善属吐谷浑，自魏孝明帝正光元年（公元 520 年）至隋文帝开皇十一年（公元 591 年），凡 72 年，实不止此数也。

（五）康艳典东来与吐蕃之侵入

据《新唐书·地理志》附贾耽《西域道里记》云："石城镇……亦名鄯善，在蒲昌海南三百里，康艳典为镇使，以通西域者。又西二百里至新城，亦谓之弩支城，艳典所筑。"（《新唐书》卷四十三下）有认为康艳典为康国人。伯希和于 1908 年，搜获敦煌千佛洞写经，得唐时《沙州志书》一卷，卷中有开元年号，盖为公元 8 世纪前半期所写。罗振玉影印入《鸣沙石室遗书》中，定名为《沙州图经》。后伯希和氏又得一写本，卷末附有《沙州都督府图经》卷第三，并附有永昌元年所录歌谣诸事。《图经》所记,为7世纪至8世纪时事,其中所记,大概为水道、堤防、驿站、学校、寺观、城隍、怪异等事,并附有蒲昌海石城镇将康拂耽延之弟地舍拨所上之申请书,其申请书所记之年号,为唐武后天授二年(公元691年)。伯希和氏作《蒲昌海之康居聚落》,推论康拂耽延为伊朗种人,姓康,盖古康居之简称,即今之撒马尔罕。与天宝二年(公元743年)入朝中国之石国王婿康染颠必有亲属关系。并推论蒲昌海之南,当时有一康居聚落居其地[①]。按伯希和氏据《新唐书》中之康国即汉之康居,近人多有怀疑,至推论康国为伊朗种人,乃沿于康国即康居之后而来。但据《隋书·西域传》所述,称其王索发,冠七宝金花,衣绫罗锦绣白叠。其妻有髻,蒙以皁巾。丈夫剪发,锦袍。其服饰多与突厥同。又其王名代失毕,乃突厥语石王之义。代失读Tas,乃突厥语石也。毕读若Bi,乃突厥语王也。据此,是撒马尔罕之康国乃属突厥人,而非伊朗人也。至少,其君主当为突厥人也。

其后,斯坦因氏于1906年,又搜获敦煌千佛洞遗书,又得《沙州图经》断片。有云:"石城镇本汉楼兰国,贞观中,康国大首领康艳典东来居此城。胡人随之,因成聚落,亦曰典合城,其城四面皆沙碛。上元二年改为石城镇,隶沙州。"(此本跋尾,记

[①] 伯希和:《〈沙州都督府图经〉及蒲昌海之康居聚落》,载《亚洲报》1916年12月刊,冯承钧转译入《史地丛考》,第73—78页。

第九章　古楼兰国历史及其在西域交通上之地位

唐僖宗光启元年十月二十五日，公元885年）是亦写于唐之后半期，据此断片与贾耽所记，大致相同。当为贾耽《道里记》所本。据此是康艳典之来，始于唐之初年。写本又云："新城东去石城镇二百四十里，康艳典之居鄯善，先修此城，因名新城，汉为弩支城。又有蒲桃城，南去石城镇四里，康艳典所筑，种蒲桃于此城中，因号蒲桃城。"又云："萨毗城西北去石城镇四百八十里，康艳典所筑，其城近萨毗泽。山险阻，恒有吐蕃及吐谷浑来往不绝。"（并见伯希和引）由此言之，是康艳典东来共筑四城。自且末之东，至蒲昌海，皆为康艳典所占据也。但其所居之人民，据其写本所云，有胡人，即泛指西域人。有吐蕃人，有吐谷浑人，不尽皆属康国人也。又斯坦因所获文书中，又有云："纳职县下，大唐初，有土人鄯伏陀，属东突厥。以征税繁重，率城人入碛，奔鄯善，至吐谷浑居住。走焉耆，又投高昌，不安而归。胡人呼鄯善为纳职，既从鄯善而归，遂以为号耳。"[1] 按唐之纳职在今哈密附近，辟展之南，鄯伏陀疑为鄯善国之土人。又云属东突厥，则在唐初，鄯善又有东突厥人来居可知也。斯坦因又于1907年在密远西藏堡垒发见古突厥文字若干，后经汤姆生教授研究，指出有许多人名，大概是发给突厥士兵护照及通行证之类。可证突厥人曾

---

[1] Sir Aurel Stein.Innermost Asia: Detailed Report of Explorations in Central Asia, Kansu and Eastern Iran. Vol. I. Oxford: Clarendon Press, 1928:91.

一度在此作军事上之设施，且士兵亦多为突厥人。

盖在隋、唐之际，突厥势力遍及新疆南北。高昌国曾受其官号[1]。高昌与鄯善相接，则突厥势力及于鄯善，极为可能。但其统治阶级，则属于西突厥。据《新唐书·突厥传》云："大业中……曷萨那朝隋，国人皆不欲……乃共立达头孙，号射匮可汗，建廷龟兹北之三弥山，玉门以西诸国多役属之，与东突厥抗。"按史称玉门以西，则鄯善当包括在内。是鄯善在隋、唐之际，即已役属于西突厥。又云："射匮死，其弟统叶护嗣，是为统叶护可汗。统叶护勇而有谋，战辄胜。因并铁勒，下波斯、罽宾，控弦数十万，徙廷石国之北千泉，遂霸西域诸国，悉授以颉利发，而命一吐屯监统以督赋入。"据此，是康国必已役属于突厥，故其子咥力特勒（勤）为肆叶护可汗，乃国人迎之康国者。及咥利失为可汗，与西部乙毗咄陆可汗相攻战，分主东西，以伊犁河为界，伊犁河以东咥利失主之，伊犁河以西咄陆主之，及咥利失走死拔汗那，国人迎立毕贺咄叶护为可汗，建廷虽合水北，谓之南廷。据传所述，时龟兹、鄯善、且末、吐火罗、焉耆、石、史、何、穆、康等国皆隶属焉。时贞观十三年（公元639年）事也，正值康艳典东来时。《新唐书·地理志》及《沙州图经》既已明言康艳典为康国人，

---

[1] 见《高昌宁朔将军麹斌造寺功德碑》及王国维《高昌宁朔将军麹斌造寺碑跋》（《观堂集林》卷二十）。

第九章　古楼兰国历史及其在西域交通上之地位

康国既属西突厥，与鄯善同隶一廷，则康艳典东来，或受突厥王庭之派遣，东来鄯善作监统之官，且为驻屯军之首领者，故其士兵大抵皆突厥人。唐灭突厥，鄯善乃属于唐。改鄯善为石城镇，隶沙州，此上元二年事。故不能因康艳典为康国人，有一部分康国人在此地寄居，遂谓此地属于康国，而为康国之殖民地，是不可不辨。

附论：吐蕃与鄯善之关系

自唐贞观九年（公元635年）灭吐谷浑，十四年灭高昌，以其地为西州，置安西都护府。高宗初，破突厥，西域诸国复属于唐。则鄯善亦当包括在内。而康国族人亦且归化于唐矣。但北方之突厥既去，而南方之吐蕃又来。据《新唐书·吐蕃传》所述，吐蕃本西羌属，原居河、湟、岷间，至弄赞时始强大。唐永徽初，弄赞死，钦陵当国，咸亨元年（公元670年），残破羁縻十八州，率于阗取龟兹拨换城，于是安西四镇并废。诏薛仁贵等讨之，为钦陵所败，遂灭吐谷浑，尽有其地。按吐谷浑在隋、唐之际，包括有汉之且末、鄯善，上文已述及。此云尽有其地，则鄯善自在其中。吐蕃之由于阗取龟兹，陷安西四镇，亦必经过鄯善、且末，方能至于阗，是鄯善、且末在咸亨中已一度陷入吐蕃。故《新唐书·吐蕃传》称，仪凤、永隆间，其疆域东接松茂，"南极婆罗门，西取四镇，北抵突厥，幅员万余里，汉、魏诸戎所无也"。是新疆南路古三十六国地，完全为吐蕃所有矣。至武周长寿元年（公元692年），王孝杰为总管，击吐蕃，复取四镇，更置安西都护府于龟兹。新疆又入于唐朝者六十余年。至天宝之末，安禄山反，哥舒翰悉拔河陇兵守潼关，边候空虚，吐蕃又乘隙暴掠边境，近迫京师。则西域故地，又完全为吐蕃所有矣。自此以后，唐失统治西域能力者八十余年，虽会昌、咸通间吐蕃内乱，唐朝乘机收复故地，然唐势亦衰，未久亦被放弃。斯坦因于1907年，在密远西藏堡垒发见之西藏文书，必为吐蕃据有时所遗留，无可疑也。其西藏文书中，有大罗布、小罗布诸地名，斯坦因以为原于唐初玄奘所记之纳缚波，据伯希和之解释，纳缚为梵语"Nava"之对音，犹言新也，合言新城之义。故以罗布之名名鄯善全境，必始于唐初，而为吐蕃所采用，至近世尚沿用不绝。而鄯善或楼兰见于我国史书者，至此已归于消失。

（六）罗布区域之荒废及罗布驿站

上文已述楼兰北部之放弃，在公元4世纪后半期。但南部尚继续活动，如上文所述，吐蕃为见于史书最后活动之民族。《新唐书》称懿宗咸通七年（公元866年），北庭回鹘取西州，又斩恐热，吐蕃遂亡，其后中原多故，朝政不能播及西域。自唐末至宋，

第九章　古楼兰国历史及其在西域交通上之地位

罗布区域情况如何，已不可考，或已近于荒废矣。《新五代史·四夷附录》"于阗"条云：石晋（高祖）天福三年（公元938年），遣贡俸官张匡邺等往册封于阗王，高居诲记其行程云："沙州西曰仲云，其牙帐居胡卢碛。云仲云者，小月支之遗种也。……匡邺等西行入仲云界，至大屯城，仲云遣宰相四人、都督三十七人候晋使者……自仲云界西，始涉碱碛，无水，掘地得湿沙，人置之胸以止渴。又西，渡陷河，伐柽柳置水中乃渡，不然则陷。又西，至绀州。绀州，于阗所置也。"按胡卢疑即汉之伊吾卢，简称伊吾。大屯城疑即《新唐书·地理志》之七屯城，七当作大，因形近而讹。陷河疑即且末河。绀州即今车尔臣，是于阗东界，抵车尔臣矣。五代时，车尔臣之东，哈密之西，为仲云领域。仲云种姓为何，史无明文。《新五代史》称为小月支遗种。但同传又云：汉小月支故地，有鹿角山沙陀，朱耶遗族也。据《新唐书·沙陀传》，沙陀，西突厥别部，处月同种也。处月居金婆山之阳，蒲类海东有大碛，名沙陀，故号沙陀突厥，后徙庭州东莫贺城。初沙陀臣吐蕃，吐蕃尝倚其兵力。其酋朱邪尽忠谋归唐，战败死。朱邪执宜收残部二千骑，款灵州降。部众随之，吐蕃由此益衰。按处月即朱邪；仲云与处月、朱邪，皆一声之转，突厥语沙碛之义。莫贺城当因莫贺延碛得名，在哈密之东南，哈密即汉伊吾地也。据此，是仲云牙帐所居之伊胡卢碛，正朱邪旧居之地。朱邪执宜归唐后，余众不能去者仍居故地，亦为汉时小月氏所居。故史称小月支遗种者，盖言小月支故地，朱邪之遗种也。据此，是仲云为突厥中之沙陀部也。

宋太平兴国间，王延德使高昌，由肃州经镇西，至哈密，经辟展东之十三间房而至高昌，则罗布区域之南北两道已无人行走。其时，高昌正为回鹘所据，由近来东西考古者，在吐鲁番旧城中发现回鹘文及经典甚多，可为回鹘人占据之证。于阗当五代之际，其王李圣天来贡，称同庆二十九年，则为汉族人而建号于于阗者。至宋真宗大中祥符二年（公元 1009 年），已易为黑韩王，仁宗嘉祐八年（公元 1063 年），封其王为"特进归忠保顺砺鳞黑韩王"；又按据多桑《蒙古史》第 81 页，时西州回鹘王名毕勒哥，即假道于耶律大石以攻西域者。和田属突厥君主马合谋可汗，于阗在 11 世纪初期，盖已为回族统治矣。于阗在罗布之西，高昌在罗布之北，罗布居其间。今检查出土文书，无一回鹘文，则西州回鹘势力不及罗布区域可知。宋王延德使高昌，称其地南接于阗，西南距大食、波斯，《宋史·外国传》亦云于阗东接吐蕃，则古之且末、鄯善一带，已为于阗所统矣。宋初，于阗已属于信奉回教之族人矣。则罗布区域谅亦为其所统治，但无甚多之居民与城郭耳。

元至元中，有威尼斯商人马可波罗兄弟，东来朝见元世祖忽必烈，由可失合儿、鸭儿看、忽炭、培因、车尔臣，而抵罗布镇，

第九章 古楼兰国历史及其在西域交通上之地位

至唐古忒州。此道自唐初玄奘返自西域，经行南道后，此为见于记载的第二次。据其所述："罗布是一大城，为罗布沙漠之边境。处东方及东北方间。此城臣属大汗，居民崇拜摩诃末。在此沙漠中，行三十日，抵一城，名曰沙州，即唐古忒州。"则自罗布镇，东至敦煌，完全为沙碛。元时之罗布镇，据斯坦因所述，即今之卡尔克里克；以为昔时卡尔克里克为罗布泊最重要之中心，与今日情形相同。且赖以生存之河流为车尔臣河，经流平原，航行之易，较塔里木河为优[1]。按卡尔克里克为今若羌县城，在其东北有罗布村，即在罗布泊之旁，疑此村名源于元时之罗布城，及清人设县城于卡尔克里克，而旧罗布城遂废，仅存其名耳。若我所论不误，则元时马可波罗所经之罗布城，尚在卡尔克里克之北也。自马可波罗记述此城名以后，又无所闻。至清初属准噶尔。及乾隆平准噶尔，而罗布泊之名，遂复显于世，以至于现时。

（七）清之改县

据《河源纪略》卷二十八所述："雍正元年二月，副将军阿喇

---

[1] Sir Aurel Stein.Innermost Asia: Detailed Report of Explorations in Central Asia, Kansu and Eastern Iran. Vol. Ⅰ. Oxford: Clarendon Press, 1928:343. 又见冯承钧译沙海昂注《马可波罗行纪》，商务印书馆1936年版，第五十六章，第182页。

衲奏报，罗布泊回人古尔班等，率哈喇库勒、萨达克图、哈喇和硕等处户口千余人，输诚投顺。三年诏与吐鲁番回众移居布隆吉尔、沙州、瓜州耕种。"据此，是雍正初年，罗布泊尚有千余户。但不久又为准噶尔所据。及乾隆二十三年（公元1758年）二月，大小和卓木之乱，户部侍郎阿里衮率师追擒巴雅尔，道经罗布泊，据回人哈什哈所述："回民据处于此，凡数十年，有二千余户，数经迁徙，余数百人，以渔猎为生。前大兵平定吐鲁番时，曾遣使召抚，旋为准噶尔所据。"清乾隆二十六年（公元1761年）平定准噶尔，回民献仙鹤，率其众六百余人来降，诏附于吐鲁番回王额敏和卓，凡一百八十三户，一千七十一口，岁纳哈什翎[①]百枚，海伦[②]九张。清同治间，南疆大乱，回民避难者多杂集罗布泊左右，流离转徙，死伤过半，至光绪初有四百余户，二千余人，始设卡尔克里克县丞以统治之。光绪二十九年（公元1903年），升为若羌县，属新疆省。

[①] "哈什"指一种类似天鹅的鸟类，"翎"指其翅膀或尾巴上长而硬的羽毛。——编者注

[②] "海伦"指海獭皮，是一种珍贵的物品，常被用于贸易或作为贡品等。——编者注

第九章　古楼兰国历史及其在西域交通上之地位

第二节　楼兰及鄯善在西域交通上之地位

在海道开通以前，凡东西旅行人士，从陆路者，必须经过新疆。新疆居东西交通之咽喉。罗布泊处新疆之东南，与敦煌接壤，又为东西交通上所必经之地。罗布泊历史已如前述，再按时代考察其在交通上之地位。

（一）两汉至魏、晋之南北道及新道

在远古期中，中原与西域交通，虽不无传说，但缺乏明确记载，难言究竟。故言西域交通史者，必以汉张骞为始。自汉武帝建元二年（公元前139年）张骞奉使月氏，元朔三年（公元前126年）返汉，以其身至之国，及传闻旁国，具为武帝言之。司马迁因其所述，录之于《史记·大宛列传》中。吾人对于汉初西域各国之认识，以此为始。但骞身所至者，仅大宛、大月氏、大夏、康居四国；而传闻之国，为奄蔡、安息、条支、犁靬、身毒，此属于葱岭以西者；葱岭以东，亦仅乌孙、扜罙、于阗、楼兰、姑师五国，共为十四国。虽于葱岭东西各国之轮廓，由此可得一仿佛，而于各国之远近距离，仍乏翔实之记载。自宣、元以后，匈奴称臣，西域服从，而各国信史质子往来不绝于途。班固修《汉书》，特立《西域传》，记录西域之国，凡五十有三，在葱岭以东者凡四十有八国，在葱岭以西者五国。范蔚宗作《后汉书·西域传》又增补七国，于是里海以南，印度以北，地中海以东，东接玉门关。其各国之土地山川、王侯户数、道里远近，更得详确之记载。故研究西域交通者，必以两《汉书》所记者为基础也。今就两《汉书》所记，推测其路线如下。

1. 北道

《汉书·西域传》云："自玉门、阳关出西域有两道：从鄯善傍南山北，波河西行至莎车，为南道，南道西逾葱岭，则出大月氏、安息。自车师前王廷随北山，波河西行至疏勒，为北道，北道西逾葱岭则出大宛、康居、奄蔡焉。"据其所述，是汉通西域有二道。一为南道，自鄯善起。一为北道，自车师起。但须知汉昭帝元凤四年（公元前77年），楼兰迁都伊循，改名鄯善。伊循即

第九章 古楼兰国历史及其在西域交通上之地位

今密远，楼兰在罗布泊之北岸。此言从鄯善傍南山，必为自元凤四年以后之路线。然则元凤四年以前之路线为何，为一问题也。又按《西域传》所述，宣帝遣卫司马郑吉使护鄯善以西数国，未能尽并北道。至神爵三年（公元前59年），匈奴日逐王降汉，乃使吉并护北道，号为都护。元帝时复置戊己校尉，屯田车师前王庭。是北道自车师前王庭始，为宣、元以后事。然则宣、元以前，通西域之路线为何，又为一问题也。今按《史记·大宛列传》《汉书·西域传》及《魏略》所述，其汉初西域交通情形，似不如《西域叙传》所述也。《大宛列传》云："（大宛贵人）相与谋曰：'汉去我远，而盐水中数败，出其北，有胡寇，出其南，乏水草。……汉使数百人为辈来，而常乏食，死者过半。'"又云："贰师将军军既西过盐水，当道小国恐，各坚城守，不肯给食。"又云："贰师后复行……至仑头，仑头不下，攻数日，屠之。自此而西，平行至宛城。"又《汉书·西域传》"鄯善"条云："楼兰国最在东垂，近汉，当白龙堆，乏水草，常主发导，负水担粮，迎送汉使。"按盐水，即盐泽。《汉书》亦名蒲昌海，即今罗布泊也。由今东西学者考察之结果，证明在两千年前后，水积北岸。而《大宛列传》又有楼兰、姑师临盐泽之语。则古楼兰在罗布北岸可知。楼兰与仑头至龟兹平行一线。贰师将军伐大宛，过盐水，至仑头，是其路线乃由罗布北岸过楼兰西行。贰师伐大宛，在武帝太初三年（公元前 102 年）。时楼兰尚未南迁，适当大道之冲，故常主发导。今由楼兰遗址之发现，及古道之获得，更可证明。是汉初通西域之路线，乃经盐泽西行也。

今据《魏略》所述，申明其路线如下。鱼豢《魏略》云："从玉门关西出，发都护井，回三陇沙北头，经居卢仓，从沙西井转西北，过龙堆，到故楼兰，转西诣龟兹，至葱岭，为中道。"（《三国志·乌丸传》注引）按鱼豢所述，虽指魏时事，但与汉初之路线相同。因此路开于汉初，至西汉末年，遭一度之封闭，至魏、晋又复恢复。在第一节中已阐明其事，不复重述。故《魏略》所述之中道，正西汉初年之北道也。我在 1930 年春考察罗布泊时，在海北岸古烽燧亭中发见西汉木简，有黄龙元年及元延五年年号。又于 1934 年，距此地 2.5 公里，又发见古道。则此地在西汉宣帝至成帝时，正在活动时期，可以确信。又此地临罗布北岸，为孔雀河入海处。东临碱滩，自此以东为咸水，以西为淡水。故凡东行人士往来必经过此处，负水担粮备通过白龙堆险地。故此地适为北道之桥头。陈宗器君于 1931 年春由玉门关北出，至罗布泊，抵我所找到的遗址处。据其《罗布荒原》论文中所述行程，与《魏略》所载实多暗合。如云："由玉门关西九十里，至榆树泉，疑即都护井也。由此西北行，五十四里，入绵延三十里之迈赛群（无数奇怪小岛之谓）。出迈赛群五里，有沙丘，即《魏略》

中所述之三陇沙。沙堆狭长，向西北伸展三里。出沙不远有废墟，垣址可辨，即居卢仓遗迹也。十五里为五棵树，井已干涸，掘二三尺，即可得水。由此沿孔达格西边西行一百二十里，绕阳达胡都克，地原有井，但已腐朽不可饮。折西北行一百三十里，稍可得水。复西行，沿陡坡戈壁，几百里，入纯粹碱滩。转西北行一百三十里，经碱滩中之高地，作长条蜿蜒状东北走，当系汉之白龙堆也。蜿蜒如龙形，灰白色碱块则成鳞状，故有白龙堆之名。至此而达罗布泊之东岸，入古楼兰国境。"如绕海偏西北行，即至孔雀河末流，即我所找到的古烽燧亭遗址也。据陈君所述，益证我所见之遗址，确为西汉北道之要冲矣。此路自西汉末被放弃后，至曹魏又恢复，西晋时尚能通行，直至前凉之末，方复被放弃也。

2. 南道

据《史记·大宛列传》云："初贰师起敦煌西，以为人多，道上国不能食，乃分为数军，从南北道。"又《汉书·渠犁传》云："初贰师将军李广利击大宛，还过扜弥。"按扜弥东北与龟兹接，西北与姑墨接，西通于阗。是扜弥在南道上。李广利去时，分军两路，而自行北路，故屠仑头。还则由南道，故过扜弥也。是南道亦开于汉初。及汉昭帝以后，楼兰南迁。迄于汉、魏之际，鄯善雄强，而南道遂在西域交通上居于重要之地位矣。

但南道之路线为何，与北道相关之点何在，亦为吾人所欲探考者。《汉书·西域传》称，南道起自鄯善，《后汉书》同，均不言鄯善以东之路。《魏略·西戎传》则言"从玉门关西出，经婼羌转西，越葱岭，经悬度，入大月氏，为南道。"《南北史·西域传》所记略同。《元和郡县志》则言出阳关谓之南道，西趣鄯善、莎车。出玉门关谓之北道，西趣车师前庭及疏勒。是历代史书记南北两道出发点，各自不同。《汉书》混言玉门、阳关，《魏略》《北史》专言玉门，《元和郡县志》言北道出玉门，南道出阳关。王国维先生则谓汉时南北两道，分歧不在玉门、阳关，而当自楼兰故城始。又言二道皆出玉门，若阳关道路，止于若羌。往鄯善者，绝不取此[1]。按楼兰扜泥城故址，今尚不知何在，但汉武帝时李广利伐大宛，自敦煌西，即分南北两道进兵，似不始于楼兰。楼兰故址假定如上文所考在罗布北岸，则适当西诣龟兹径路，若由楼兰北至车师，再由车师南至鄯善，再西行，实绕道过甚，汉人当不出此。疑汉时玉门、阳关，相距不远。自此西行，原只一路，出玉门关者由之，出阳关者由之。至沙西井后，再分南北两路进行。故《汉书》混言玉门、阳关者，此也。若新道，则由玉门关折西北行，达车师，与南北两道不同路线。故《魏略》专言玉门关者，

---

[1] 王国维：《观堂集林》卷十七《流沙坠简后序》。

第九章　古楼兰国历史及其在西域交通上之地位

此也。至唐时，玉门关稍东北移，故唐时北道，由玉门关稍西，即折西北行，穿噶顺沙碛，即莫贺延碛，而至高昌。其路线，与《魏略》所述之新道略同。南道微偏南，傍南山西行。与汉初之南北二道不同一途，故《元和郡县志》分举者此也。今王先生皆比而同之，故我以为未可。再以实地考察之路线证之。陶保廉《辛卯侍行纪》卷六附汉玉门、阳关路考，根据清同治间郝永刚、贺焕湘、刘清和等之实地探察，述其路线云："北道出敦煌西门，渡党河，西北行戈壁，七十里咸泉，五十里大泉，四十里大方盘城（注云，汉玉门关故地也）。四十里小方盘城，三十里西湖（注云，有敦煌旧塞），七十里清水沟，折西北，七十里芦草沟，西行六十里五棵树，西南行六十里新开泉，西行七十里甜水泉，六十里沙沟，西南行八十里星子山，八十里土山台，西北七十里野牲泉，西九十里咸水泉，九十里蚊山，九十里土梁子，七十里沙堆，八十里黑泥海子，五十里芦花海子，九十里阿不旦，即罗布淖尔西岸也。"按陶氏所记之沙沟，疑即《魏略》之沙西井，据斯坦因氏称为Kumkuduk，即沙井之义。疑此地为南北两路分道处。从此西南行，至密远，即古鄯善，从此西北行，过涸海盐层，到孔雀河末流，即古楼兰。与《魏略》所述，不无暗合。而南北两道之分途，始于沙西井，即库穆胡图克，由此可得一确证也。

3. 新道

以上所述南北两道，皆始于汉初。均须经过罗布泊低地西行，一傍南山，一傍北山而已。至后汉别有新道，直由玉门关折西北行，不经三陇沙及白龙沙，直达车师，即戊己校尉所治之高昌。《魏略·西域传》云："从玉门关西北，经横坑，避三陇沙，及龙堆，出五船北，到车师界戊己校尉所治高昌，转西与中道合龟兹，为新道。"徐松补注云："五船今小南路有小山五，长各半里许，顶上平而首尾截立，或谓是五船也。"又云："今哈密至吐鲁番，经十三间房风戈壁，即龙堆北边也。"按徐松所述，为自哈密至吐鲁番之路。唐玄奘、宋王延德之至高昌，均由此路，皆经过伊吾即哈密。今细观《魏略》所云"出五船北，到车师界"，似不经哈密。疑《魏略》所指新道，在今哈密道之西南。又今哈密道，由安西转西北行，经马连井、星星峡、格子烟墩、南湖而至哈密者，其出发点亦不由敦煌。疑新道与伊吾即哈密确为两路，新道取自玉门关，即今大方盘城，折西北行，自托乎拉克布拉克穿行噶顺戈壁，即行于罗布涸海之东北，直达鲁克沁南之得格尔，即至车师界。五船疑在此一带。再西北过鲁克沁，至高昌，即今吐鲁番阿斯塔拉，此为捷径，不必东绕伊吾，西绕三陇沙与涸海也。现得格尔尚有古土墩，疑为古道经行之迹，据得格尔猎户云，由此往敦煌，水草尚不乏，但均为干山耳。再由得格尔转西，经库

第九章　古楼兰国历史及其在西域交通上之地位

鲁克山北麓及艾丁湖畔而至库木什山。出山为乌沙他拉，即博斯腾湖之北边。转西南至焉耆，即唐之银山道也。唐郭孝恪攻焉耆，尝取道于此。现由得格尔，沿艾丁湖畔至库木什山一带之古墩，为指示古道之途径。虽土墩疑为唐代建筑，但亦有汉代土筑基址，故疑唐之银山道，即后汉新道之所由。至焉耆后，转西南行，过哈满沟而至库尔勒，转南，至尉犁，与中道相合。盖中道到楼兰后，沿孔雀河西北行，即傍库鲁克山南麓西行，与北道会于尉犁，即古渠犁也。现由沿孔雀河畔之古墩，可为指示古道行进路线之迹。由是言之，是中道行于噶顺戈壁西麓。转西行于库鲁克山之南麓。北道行于噶顺戈壁之东边转西，行于库鲁克山之北麓。因北道，须绕库木什山，取道焉耆，方至尉犁，微曲，不如中道之直至尉犁。故中道又称为径道者此也。西汉时，新道未开，虽在元始中，戊己校尉徐普欲开新道，终为车师王所阻，故当时之北道，即指《魏略》所述之中道，所谓径道也。及后汉明帝时，窦固破呼衍王，取得伊吾，重开新道。经由车师西行，故以新道为北道，即《汉书》所记者是也。而中道转废。自魏至晋，径道复开，故以径道为中道，以唐银山道为新道，实即后汉班固所记之北道也。

综上所述三道，除新道不经罗布泊外，南北两道均经罗布泊之南北两面，而楼兰与鄯善适当两道之冲。故当汉初，尝与匈奴争楼兰者，此也。自楼兰南迁，鄯善转强，故后汉之世，又以北攻伊吾，南服鄯善为其国策。盖两地为西域之门户，居交通之咽喉。如不控制，即不能巩固后方，谋行旅之安全故也。其详见拙作《两汉通西域路线之变迁》（第四章第四节）文中，兹不具述。

（二）北魏至隋、唐之吐谷浑道

以上所述三道，均开于两汉，历魏至两晋，均未有变迁。尤其自曹魏以后，匈奴远遁，西域服从，高昌内属，比于郡县。西晋及前凉，尝置太守以统之。故中原和西域交通线得以畅通无阻。但上述路线，均须经过敦煌，取道玉门、阳关前进，故当时敦煌与鄯善，实握交通之枢纽。自北魏道武帝扩展势力于西北，而当时又有一游牧民族吐谷浑突起西陲，兼向北进。故通西域路线，自北魏至唐，除上所举三道外，又有吐谷浑道，即吐谷浑人出入西域之道也。

关于吐谷浑历史，在第一节中已述及。唯其疆域若何，则与交通有关，故拟重述，以资参考。《梁书·西戎传》略云：河南王者，其先出鲜卑慕容氏，有吐谷浑者，避弟西徙上陇，度枹罕，西南至赤水而居之；地在河南，故以为号；其界东至叠州，西邻于阗，北接高昌，东北通秦岭；方千余里，以吐谷浑为国号。按

第九章 古楼兰国历史及其在西域交通上之地位

刘宋封吐谷浑王慕利延为河南王，则此所述，盖慕利延时事也。于阗今和田。高昌今吐鲁番。赤水即今发源于巴颜喀喇山之乌兰穆伦河。如其所述，是当时吐谷浑疆域，已有今青海全境，及新疆之东南部。罗布泊自在其领域中。故《魏书》有太武帝伐慕利延，慕利延"驱其所部渡流沙……西入于阗，杀其王，死者甚众"之语，虽其时代我在本章第一节中颇致怀疑，但于阗以东为吐谷浑领域确为事实也。然吐谷浑人由青海从何路入新疆，当为吾人所研究之问题。

宋云《求经记》略云："初发京师，西行四十日至赤岭，即国之西疆也……西行二十三日，渡流沙，至吐谷浑国，路中甚寒，多饶风雪，飞沙走砾，举目皆满，唯吐谷浑城左右暖于别处……从吐谷浑西行三千五百里至鄯善城，其城自立为王，为吐谷浑所吞。西行一千六百四十里至左末城。"云云。按宋云原书久佚，今仅见《洛阳伽蓝记》中，无年月日，但记中有神龟二年（公元519年）七月二十九日入朱驹波国，则当初发京师，当在魏孝明帝神龟元年也。吐谷浑城当为其国都所在。据《魏书·吐谷浑传》言，其王夸吕，建都伏俟城，在青海西十五里。丁谦考证以为伏俟城在今布喀河南，和硕特北前旗境。按赤岭即今日月山，伏俟城当即今之都兰。宋云发自京师，时魏已迁都洛阳，则宋云所经行，必自洛阳，经陕西西北行，过天水、陇西，上西倾山，西北绕青海之西，至都兰。自天水以西，皆山地，西倾山积雪，终年不消，故云途中甚寒，多风雪。又云沙砾满目者，此也。据此，是夸吕时吐谷浑牙帐，又由赤水东北徙矣。由都兰西行至鄯善，鄯善即今罗布泊南岸密远地。由此西行，必经柴达木盆地之北边，穿行沙碛，经阿尔金山，而至罗布泊南岸密远也。柴达木北之沙碛，与白龙堆之沙碛，隔岭相接。唐人称为碛尾，即莫贺延碛之尾也。《魏书》称慕利延驱所部渡流沙，西入于阗，亦指此沙碛言耳。昆仑山北阪，自和田东北行，山势渐低落，至罗布低地南部之阿尔金山，山势已不高峻，而与祈漫达格交错，中显一隘口，清人称为噶斯口（《河源纪略》卷二十八），为由柴达木盆地通若羌之孔道。现新疆、蒙古人赴西藏者率由此道行。唐时吐蕃之出入新疆，亦行经此路。清朝征准噶尔，尝驻军于噶斯口，故历来均视此地为青海与新疆交通之要冲矣。而其路线，则由吐谷浑人始开之。至隋、唐之际，其道犹通行。《隋书·地理志》称大业初，平吐谷浑，置鄯善镇，即今卡尔克里克。则隋大业以前，罗布区域仍为吐谷浑所有。虽中经隋炀帝一度收复，及大业末，仍为伏允所据。是在隋、唐之际，青海与新疆交通孔道，未尝断绝也。故唐贞观初，征吐谷浑，仍由青海进兵，直西至且末。

《新唐书·西域上·吐谷浑传》略云：隋末，吐谷浑王慕容伏允屡寇边，郡县不能御。太宗贞观九年，诏李靖、侯君集率六总

第九章 古楼兰国历史及其在西域交通上之地位

管讨之，破贼库山，伏允西走。靖分兵为二，自与李大亮、薛万钧趋北路，出其右。君集与任城王道宗趋南路，出其左。靖率诸将战曼都山、牛心堆、赤水源、赤海，皆破之。次且末之西。伏允走图伦碛，将托于阗，会追及，又破之，伏允遂自杀。丁谦考证云："曼都山在和硕特南右后旗境；牛心堆今丹噶尔厅西南；赤水源即乌兰乌苏河发源处，赤海即达布逊泊，此泊为红水河所归，故曰赤海。"又云："青海要路有二：一、西北行，经青海，溯布喀河，至沙尔泊，再西顺乌兰乌苏河，至达布逊泊，再西北，经噶斯口，迤逦至罗布泊，此由西宁赴新疆之道。二、西南行，至西宁边外，二百余里，过雅玛图河，南行，经都勒泊，折西至扎陵泊，再西即河源，此由西宁赴西藏之道。李靖分军为二，即遵此二道行也。"（《〈新唐书·西域传〉考证》）按如丁谦所考证之古今地名，不尽可据，例如以达布逊泊为乌兰乌苏河所归，故为赤海。按乌兰乌苏河，为金沙江上源，出端木乌拉山，与达布逊泊相去甚远。且李靖军北出应在吐谷浑城之北，决不南行于吐谷浑城之南，与侯君集同道也。我颇赞同李靖分南北二道，即现青海通新疆及西藏二路之说。但现青海通新疆道，行于柴达木盆地之南。疑李靖出于柴达木盆地之北。由都兰西北行，沿阿尔金山南麓出噶斯口，而达新疆之若羌县。与慕利延入于阗之路相同。侯君集则行于柴达木盆地之南，故能过星宿川，达柏海，观河源，与李靖军中隔柴达木盆地也。至唐咸亨间，吐蕃灭吐谷浑，尽有其地。又由于阗攻取安西四镇，则吐谷浑道，又为吐蕃所有矣。斯坦因在新疆密远西藏古堡中，掘拾西藏文书甚多，皆记军事及屯驻事[1]。则当时吐蕃之出入新疆，仍由青海经密远可以确定也。及至唐懿宗咸通间，北廷回鹘进取西州，斩恐热，吐蕃遂亡。而吐谷浑道至是亦埋没矣。

以上专就吐谷浑道论述其原委，因此道开于北魏时之吐谷浑人，历隋、唐数百年间未有荒弃，而与西域之文化、民族关系甚大，故详述之。两汉时之南北二道，由魏至唐，始终不绝者，唯南道，即由敦煌至鄯善达于阗之道。北道即伊吾道，亦通行。唐灭高昌，西州内属，其交通之便利，更无论矣。唯《魏略》所述之中道，则自苻秦灭前凉以后，即已荒废。至最近仍未恢复，仅少数旅行家与猎户通行而已。

（三）宋高昌道及元之大北道与南道

自唐之末叶，中原混乱，势力不能达西域，中原和西域交通情形如何，难考其详，史书所载，不过根据一二使臣所经行以见

---

[1] 向达译：《斯坦因西域考古记》，中华书局1936年版，第81页。

第九章　古楼兰国历史及其在西域交通上之地位

其一端而已。当五代之时，据《新五代史·四夷附录》，称石晋天福中，遣供奉官张匡邺往于阗册封，副使高居诲为记其行程，略云：出玉门关，经吐蕃界，西至瓜沙。又东南十里，三危山。其西，渡都乡河，曰阳关。沙州西，曰仲云，其牙帐，居胡卢碛。匡邺等西行入仲云界，至大屯城，仲云遣宰相来候晋使者。自仲云界西，始涉碱碛，无水，掘地得湿沙以止渴。又西渡陷河，伐柽柳置水中乃渡。乃西至绀州，于阗所置也，去京师九千五百里矣。我在本章第一节中关于此记地名，略有考证。胡卢碛即莫贺延碛，大屯城即《唐书·地理志》之七屯城，陷河为且末河。今仍保持上说。如所说不误，是张匡邺所经行，仍为古阳关大道也。沙海昂《马可波罗行纪》引 Huber 译《匡邺行纪》，称"匡邺偕沙门三百人入天竺求经时，未遵此道。其由沙州赴于阗，系取道伊吾、高昌、焉耆，而至于阗，亦即波斯某著作家所言百日程之长道也"[①]，与我所见相左。盖 Huber 误认仲云牙帐居胡卢碛，即谓匡邺经伊吾。今按下文明云匡邺等西行入仲云界至大屯城，乃经行仲云境域，并非行经仲云牙帐。疑当时仲云疆域，直达且末以东也。下文又云，自仲云界西，始涉碱碛，明指罗布泊附近之

---

① 冯承钧译沙海昂注《马可波罗行纪》，商务印书馆1936年版，第五十五章，第175页。

沙碛，由《史记正义》引裴矩《西域记》及《马可波罗行纪》，均可证明。若由伊吾至高昌，虽如玄奘所记涉南碛，然既至高昌，转西南至焉耆，似可由焉耆直达于阗，如法显所行者。不必又东南行，绕道且末即绀州，方至于阗。故我不取Huber之说，而仍以为匡邺所行，即阳关古道。

至宋室继兴，远隔辽、夏，虽史载于阗、回鹘，尝遣使贡献，实则为商人之往来而已。路程所经，无可准记。今所得考见者，仅宋太宗雍熙间王延德使高昌一事而已。据宋史所载，王延德《使高昌记》略云：

初自夏州，历黄羊平，渡沙碛，凡二日，至都啰啰族。次茅女呙子族，族临黄河，以皮筏为囊而渡。次茅女王子开道族，行入六窠沙，沙深三尺，马不能行。次楼子山，无居人，行沙碛中。次卧梁劾特族地，有都督山，唐回鹘之地。次大虫太子族，族接契丹界。次屋地因族。次达于于越王子族。次历拽利王子族，有合罗川，唐回鹘公主所居之地，城基尚在，有汤泉池。次阿墩族，经马騣山，望乡岭。次历格啰美源，西方百川所会。次托边城亦名李仆射城。次小石川。次伊州。次益都。次纳职城，城在大患鬼魅碛之东南，望玉门关甚近。凡三日至鬼谷口避风驿。凡八日，至泽田寺。次宝

第九章　古楼兰国历史及其在西域交通上之地位

庄。又历六种，乃至高昌，即西州也。

按王延德所记诸地名，多不可考。兹举其可知者，夏州即陕北之东胜，茅女喝子族当即今宁夏一带。楼子山疑即阿拉善北之沙碛。达于于越王子族疑在今甘州境。合罗川疑即张掖河。马鬃山在酒泉县北，今名同。格啰美源，丁谦谓即巴里坤，或是。托边城疑即今镇西。小石川，丁谦谓即今昭莫多河。伊州今哈密。纳职今托和齐。避风驿即今十三间房。泽田寺即今七克腾木。六种即今鲁克沁。高昌即今吐鲁番之哈拉和卓，汉名三堡也。据其所述，似由陕北东胜，即古夏州，西行。经宁夏，过阿拉善沙碛，而至甘州，转西北，渡张掖河，过马鬃山，直达巴里坤，即镇西。转南，至哈密，即本文所谓伊州也。再由哈密西北行，经十三间房风戈壁，至鲁克沁，达吐鲁番，即高昌也。据此，是北宋通西域道路，不特不经行南北朝之吐谷浑道，且汉、唐之南北二道，亦不经过，而绕道于甘肃边外西行。故当时之南北二道，是否通行，为一问题也。盖当时西夏据有宁夏及甘肃西北部，王延德所行均属西夏境域，亦即西夏与西域交通之道也。

元太祖崛起朔漠，兼并西疆，东西通途，至是复开。但其路线所经，则又以蒙古为起点矣。据《长春真人西游记》云：

二月八日起行，宿翠屏口北，过抚州明昌，入大沙陀。出陀至鱼儿泺。起向东北，凡二十二日，至陆局河。并河南岸西行，凡十六日。河绕西北流，改行西南驿路，凡十四日程，达平野。山水秀丽，水草丰美，东西有故城基，或云契丹所建。六月十三日至长松岭，十七日宿岭西，朝暮有冰，霜已三降，冷如严冬。山路盘曲。二十八日泊窝里朵。东渡河，河水东北流，入营驻车。窝里朵，汉言行宫也。七月九日，同宣使西南行，屡见山上有雪。又二三日，历一山，南出峡，一水西流。又五六日，逾岭而南，迤逦南山，望之有雪，邮人告曰："此雪山北也。"次至阿不罕山北，八月八日傍大山西行，复东南过大山，经大峡，中秋抵金山东北。复南行，其山高大，三太子出军，始辟其路。乃命百骑挽绳悬辕而上，缚轮而下，连度五岭，南出山前，临河止泊。渡河而下，经白骨甸，涉大沙陀，至回纥城。酋长设葡萄酒及果饼，乃曰："此阴山前三百里即和州也。"西即鳖思马大城，王官士庶，具威仪迎，曰："此大唐时北庭端府。"九月二日西行，四日宿轮台县东，重九日至回纥昌八剌城。并随山而西，约十五日，宿阴山北，转南行，山中过一大池，名曰天池。沿池南下，入峡，过四十八桥，出峡，九月廿日至阿力马城。（下略）

第九章　古楼兰国历史及其在西域交通上之地位

按关于《长春真人西游记》地名考证，以王国维氏《长春真人西游记校注》为最精详，不复具举。约其行程，似由克鲁伦河，经土拉河，过杭爱山南麓，西南过阿尔泰山，而达天山北麓之鳖思马大城，即今吉木萨尔县北护堡子之旧城，即大唐北庭都护府所在地也。又傍天山北麓西行，过伊犁即阿力马城而达撒马尔罕。此路为长春所过；成吉思汗西征，拔都西征，旭烈兀西征，均由此路，是元初与西域交通，又取大北道矣。时辽、金、西夏，据有北方，南宋僻处江左，与西域交通阻隔已久。至元世祖忽必烈平定南宋，置驿于途，与西域之交通，至是畅通。据《马可波罗行纪》所述，东西交通略可知其梗概。其所经路程，由波斯至可失合儿、鸭儿看州、忽炭州、培因州、车尔臣州、罗不城、唐古忒州、哈密州、欣斤塔剌思州、肃州、甘州、亦集乃城、哈剌和林城。由其所述路线，沙州以西，完全经行汉之南道。盖可失合儿即汉之疏勒。鸭儿看州即汉莎车。忽炭即于田。皆经东西学者之考证，确实无疑。唯培因，汉无确地可指。斯坦因、玉耳均以为即玄奘之媲摩城，今策勒一带。唯沙海昂以为培因，即《新唐书·地理志》之播仙镇，斯坦因《西域考古记》中所述之安得烈也。培因、播仙皆一声之转[①]。唯过去考据家则以播仙镇即汉且末

[①] 并见冯承钧译沙海昂注《马可波罗行纪》，商务印书馆1936年版，第159—163页。

国，陶保廉《辛卯侍行记》,《新疆图志·道路志》，均持此说。盖《新唐书·地理志》引贾耽《道里记》，明云"播仙镇故且末城也"。现车尔臣西北有古城遗址。周十余里，疑即播仙镇遗址也。又安得烈，《图志》作安得悦，一名安多罗，即《大唐西域记》之睹货逻，《新唐书》作故都逻，与安得逻音近而变也。据此，是播仙不得谓即安得烈也。

又培因州后，又有车尔臣州，车尔臣即古且末，已为一般学者所公认。车尔臣既为且末，应即唐之播仙镇，故马可波罗所记之培因，当另是一地。我颇赞成斯坦因等以培因为唐玄奘媲摩城之说。斯坦因并指策勒北之兀宗塔迪遗址，即其故地。按媲摩城，与媲摩川有关。媲摩川应即今达摩戈之干河，在旧达摩戈北，约5公里，有古城遗址，街衢巷陌可辨，疑即唐之媲摩城。我曾在此，掘拾汉五铢钱一枚，或汉之扦弥城亦即其地。兀宗塔迪尚在其西，陶片散布极广，皆宋、元间物。又拾西域古钱币一枚，本地人言为回教初来时所通用者。南有古坟，当地人称为力济阿特麻札，为回族初来时之始祖，战死即葬于此。旁卜拉克干河附近有城基遗址，即元之培因城也。惟马可波罗称河中产碧玉及玉髓甚丰，今虽不见河中有玉，但于田山中出玉石，俗称岔子石，青玉亦出其中。古时由山上冲至河中，今仍埋于沙中，亦可能也。今由我与斯坦因实地所见，类皆一一吻合，似可无疑。惟我以媲摩城尚

第九章　古楼兰国历史及其在西域交通上之地位

在其东北，与培因州城非一地，为异耳。又关于忽炭至培因路程，沙海昂以为培因至忽炭八日程，距车尔臣五日程。今按《新疆图志·道路志》，克里雅至和田五日程。尼雅至克里雅三日程。安得悦至尼雅四日程。车尔臣至安得悦五日程。沙海昂以里程计算，故不取斯坦因兀宗塔迪之说，而以安得悦当之。但安得悦距和田十六日程，亦与马可波罗所述不合。如以里程计算，不如以尼雅为培因州较合。因尼雅至和田适八日程也。但细审冯承钧译沙海昂注《马可波罗行纪》，称培因州广五日程，忽炭广八日程，乃指培因疆域言，并非言马可波罗所经行之里程也。故忽炭疆域，虽为八日程，培因虽为五日程，而由培因州城至忽炭都城，并不须八日程也。以上专就培因一地，加以考证。

其次马可波罗所经行之地，如车尔臣即汉且末，罗不城即汉鄯善，唐古忒州即古沙州，亦为一般人所认可。哈密即汉之伊吾。欣斤塔剌思，汉无其名。《匈奴全史》以为即今鄯善（辟展），非也。或以为即肃州西之赤金卫，亦疑不然。我以为即哈密东之塔剌纳沁城，简称沁城。若肃州，当即今肃州，亦集乃当即今额济纳，即汉居延地，哈拉和林即蒙古汗都也。按据其所经行之路线，自沙州以西，虽与汉阳关古道同，但自沙州以后，折北行，过额济纳，而达和林，此又由蒙古至甘肃之南北路线也。盖自元世祖建都和林，而往西域交通路线，较其初又变矣。

（四）明清时之嘉峪关道

顾炎武云：

　　明初革元命，统一寰宇。洪武五年，宋国公冯胜兵至河西，驱逐元守臣，置嘉峪关，及甘肃等卫。洪武永乐中，因关外诸番内附，置沙州、哈密、赤斤、罕东、阿端、曲先、安定、苦峪等卫，授以指挥等官，俱给金印，羁縻不绝，使为甘肃之藩蔽。后因入关者众，皆取道哈密，乃即其地，封元之遗裔脱脱者，为忠顺王，赐以金印，使为西域锁钥。凡夷使入贡者，悉令哈密译语以闻。（《天下郡国利病书》卷一百十七）

据此，是明时以哈密为东西交通之咽喉也。自元灭西夏，兼并西域，太宗初于敦煌故地置沙州路总管府，而以瓜州隶焉。西北诸地如阿力麻里、别失八里设置新站三十。及元拔都平钦察，至元七年（公元1270年）又于吉利吉思、谦谦州、盖兰州等处设断事官，修仓库，置传舍，东西交通如行郡邑。明承元后，虽势力远不及元，但交通路线，犹存旧规。清代因之。昔日阳关古道，荒废也久矣。今就明人所述出嘉峪关路线，参考今道，述之如下，

第九章　古楼兰国历史及其在西域交通上之地位

以征古今交通之变也。《天下郡国利病书》卷一百七十引《西域土地人物略》，记嘉峪关以西道路甚详。如云：

> 嘉峪关西八十里为大草滩。滩西四十里为回回墓。墓西二十里为扇马城。城西三里为三棵树。树西三十里为赤斤城。赤斤西四百五十里为苦峪城。苦峪西二十里为古墩子。墩西六十里为阿丹城。阿丹西南三十里为哈剌兀速城。哈剌兀速西南百里为瓜州城。瓜州西六十里为西阿丹城。西阿丹西二百里为沙州城。沙州西三百里为哈密城。

按《西域土地人物略》，不知作者姓氏。陶保廉云：盖前明人所记，地名多与今异。方向里数，尤不足据。而传写脱误，搀杂失序，几难卒读。按我所见，与陶保廉略同。自哈密以西诸地名，尤为难读。蒙古地名与汉名，搀杂其间，疑为本于来往商人之传述，好事者为之记也。故所述路程里数，多不可据。我颇疑此记出于元人之手，转相抄录，遂错讹滋多耳。但哈密以东里程，校以今道，颇多吻合。例如赤斤城以东，与《明史·西域传》相合。赤斤城以西各地，与陶保廉《辛卯侍行记》所述嘉峪关至哈密里程，地名虽异，而路线大略相同。至赤金峡后微异耳。例如回回墓，《辛卯侍行记》作惠回驿。扇马城，陶书同，扇作骟。三棵树，陶作滋泥泉。赤斤城，陶作赤金峡驿，则明时与今地同也。出赤金峡，今道由玉门县西偏北至布隆吉尔城，达安西州，为明之沙州卫地。转西北，过马连井、星星峡、格子烟墩、南湖，而至哈密。但故道则由赤金峡直西行，经苦峪、阿丹即罕东，而至瓜州，即安西州西南三十里新瓜州。转西而至敦煌，即沙州。再西北行而至哈密。较今道微偏南。

综上所述，历来东西交通，自汉至唐，均以玉门、阳关为门户，而鄯善、楼兰扼其枢要。虽唐人东移玉门关于疏勒河上，然亦不废阳关大道。自宋至清，则以北道为主，而哈密握其枢机。阳关古道遂废。所谓楼兰者，久已沦于沙漠，徒为吾人考古之资料而已。沧海桑田，不其然欤。